THE
JESUS
FAST

THE JESUS FAST
Copyright ⓒ 2016 by Lou Engle and Dean Briggs
All rights reserved.
Published by Chosen Books,
a divison of Baker Publishing Group,
Grand Rapids, Michigan, 49516, U.S.A
All rights reserved.
Korean Translation Copyright ⓒ 2017 Tabernacle of David

이 책의 한국어판 저작권은 다윗의장막 미디어에 있습니다.
저작권법에 의해 한국에서 보호받는 저작물이므로 무단전재와 무단복제를 금합니다.

아주사 부흥의 불

예수님의 금식

루 잉글·딘 브릭스 지음

고병현 옮김

다윗의장막

| 목차 |

서문 - 대니얼 콜린더　　　　　　　　　　7

서문 - 빌 존슨　　　　　　　　　　　　11

1부　한 세대를 준비하라

1. 나의 소명, 우리의 소명　　　　　　　17
2. 부흥의 발화점　　　　　　　　　　　27
3. 역사의 벼랑 끝으로 부르심 받다　　　46
4. 여명의 군대를 소집하라　　　　　　　61
5. 나실인의 DNA　　　　　　　　　　　71

2부 금식하는 아버지와 열매 맺는 자녀들

6. 역사를 만들고자 도전하라   95
7. 유업의 세대를 풀어놓으라   114
8. 천상에 전쟁을 개시하라   139

3부 나실인에서 나사렛인으로

9. 요한: 길을 준비하는 불 같은 심령   171
10. 예수: 강한 자를 결박하고 추수를 풀어놓으라   191

4부 열방을 추수하라

11. 때를 이해하라   221
12. 전세계적 예수 금식   243

| 서문 |

마태복음 17장에서 서기관들은 예수님의 그리스도 주장에 맞서기 위해 말라기의 예언을 이용한다. 선지자 엘리야가 "주님의 날" 전에 돌아와야 한다는 것이었다. 엘리야가 아직 오지 않았기 때문에 그들은 예수님이 그리스도일 수 없다고 주장했던 것이다. 제자들이 예수께 설명해 달라고 요청하자, 이렇게 대답하셨다.

'엘리야가 과연 먼저 와서 모든 일을 회복하리라. 내가 너희에게 말하노니 엘리야가 이미 왔으되 사람들이 알지 못하고 임의로 대우하였도다. 인자도 이와 같이 그들에게 고난을 받으리라.'…그제서야 제자들이 예수께서 말씀하신 것이 세례 요한인 줄을 깨달으니라.

— 마태복음 17:11-13

예수님의 대답은 명확했다. 말라기가 예언한 엘리야는 "엘리야의 영과 능력으로(눅 1:17)" 왔다는 면에서 세례 요한이었다. 하지만 여기 흥미로운 점이 있다. 예수께서는 요한을 가리켜 엘리야가 "이미 왔다"고 말씀하셨을 뿐 아니라, 동시에 엘리야가 "올 것이다"라고 말씀하셨다. 그렇다면 앞으로 올 엘리야는 누구일까? 많은 이들이 그 엘리야에 대한 추측을 해 왔다. 요한계시록 11장에 등장하는 두 증인 중 하나일 것이라고 이야기하는 사람들을 보았다. 그러나 나는 그 답이 훨씬 깊고, 우리와 관련이 있을 것이라고 본다. 광야의 외치는 소리가 되는 단독 인물이 아니라, 주님의 재림 이전에 엘리야의 영과 능력으로 일어나는 한 세대 전체일 것이라고 믿는다. 그들은 오실 왕의 길을 예비하는 세례 요한의 세대일 것이다. 그들은 스스로에게서 벗어나 세상 죄를 지고 가는 하나님의 어린 양께로 향하는, 불타는 종들일 것이다. 그들은 요엘의 예언을 궁극적으로 성취하게 될 것이다.

> 그 후에 내가 내 영을 만민에게 부어 주리니 너희 자녀들이 장래 일을 말할 것이며 너희 늙은이는 꿈을 꾸며 너희 젊은이는 이상을 볼 것이며 그 때에 내가 또 내 영을 남종과 여종에게 부어 줄 것이라.
> ― 요엘 2:28-29

깨닫는가? 성령 충만한 엘리야의 군대, 세례 요한의 군대가 가장 작은 자에서부터 가장 큰 자에 이르기까지 초자연적 능력으로 행하며, 보이지 않는 것들을 보고 불가능을 행하며, 예언적 긴박성을 가지고 주님의 말씀을 선포하는 것이다! 수년 전, 주님께서는 루 잉글에게 꿈에서 말씀하셨다. **사람들을 깨우는 막대기를 이 땅을 향해 뻗으라**고! 〈예수님의 금식〉을 읽었을 때 나를 깨우시는 하나님이 심령에 느껴졌다. 소멸된 삶의 전염적인 열기가 말이다. 나는 이 책이 확실히 메시지를 전할 뿐 아니라 구체화하는 사람으로부터 나온 현재적 말씀임을 안다. 이 책을 읽어나갈 때, 여러분의 심령은 나와 같이 불타오르게 될 것이다. 여러분은 도전받고 확증받으며, 대면하고 영감을 얻을 것이다. 무엇보다도 "음성"으로 촉구하시는 예언적 부르심을 마주할 것이다. "주님의 길을 예비하라!"고 한 세대를 불러내는 불타는 사람으로부터 말이다.

대니얼 콜린더_열방에 그리스도를 대표/CEO

| 서문 |

〈예수님의 금식〉은 위험한 책이다. 이 책의 유일한 목적은 부흥 없이도 만족하고 있는 신자들을 방해하여 성령의 자극으로 인한 불만족 속으로 이끄는 것이다. 거기서부터 우리는 가장 참된 의미를 발견한다. 이 책에 확립된 초점은 단순하지만 심오한 것이다. 이 책은 세계 역사를 만들어가는, 특권적인 역할 가운데로 한 세대를 소집하고 있다. 바로 그것이다. 이 책이 독특한 이유는, 당연히 금식과 기도로 부르고 있는 것임에도 우리 주변에 존재하는 세계의 재앙들에 초점을 두고 있지 않다는 것이다. 그런 책들은 있어 왔고, 꽤나 효과적이었다. 그런데 이 책에서는 소망에 대한 초점을 보게 될 것이다. 사실 이 책은 소망으로 탄생된 것이다. 성경과 교회 역사 속의 증언들에서 발견된 약속들로 가득한 책이다. 이는 주님을 높이고 우리 생애에 불가능을 가능케 하는 방식으로 포용되어야만 한다. 루 잉글은 신

임이 높은 친구다. 나는 그와 최근 런던에서 "우연히" 회의를 했다. 우리가 느끼기에 하나님께서 이 세대 가운데 말씀하고 계신 것이 무엇인가 나누고 보니, 상대가 다가옴을 바라보고 있는 부분에서 위로와 격려를 얻었다. 우리가 함께 10억 청소년 영혼의 추수가 시작될 것으로 보고 있는 일에 동참해 달라고 루가 나를 초청했다. 우리는 이 하나님의 새로운 역사에 사람들로 가득 찬 대형 경기장들도 포함될 것이고, 때로는 기적과 이사, 표적들이 수반된 대규모 회심과 같이 가는 24시간 기도 운동도 있을 것이며, 모든 일들이 유명한 리더들만이 아닌 하나님의 백성들이 사역을 할 때 일어나게 될 것이라고 믿는다. 그 예언적 약속은 수십 년간 돌고 있다. 지금이 바로 그 타이밍일 수 있다. 루는 전세계의 도시와 국가들에 상당한 영향력을 끼쳐 왔다. 그보다 앞선 많은 믿음의 영웅들과 같이 그는 열방에 영향력을 크게 미치기 위해선 기도라는 중추가 있어야 함을 안다. 루 잉글의 심령으로부터 더콜이라는 위대한 기도 운동이 탄생된 것이다. 개인적으로 나는 더콜 성회에 여러 차례 참석했다. 사실, 내 생에 가장 영광스러웠던 것이 그 심오한 사역을 하고 있는 루 잉글을 후원할 수 있었던 것이다. 전세계의 알려지지 않은 수십만 명이 함께 하나님의 얼굴을 구하고 열방에 주님의 자비를 구하자는 요청에 응답했다. 돌아보면, 더콜이 세례 요한과 같은 역할을 했던 것 같다. 요한이 (더 위대한) 예수님의 길을 예비했던 것과 똑같이, 더콜은 우리가 들어가려는 목표를 향한 길을 예비했다. 그것은 세상이 지금껏 본 어떤 것보다도 거대한 잠재력을 갖고 있다. 나는 이 순간이 많은 나라의 운명에 공의로운 영향을 가져오는 데에 중대하다고 본다. 이를 위해 우리가 금식하고 기도하는 것이다. 이 순간으로 한 계절이 시작될 수 있다. 바로 이 책이 돌파를 위한 기도 속으로 교회를 끌고 들어갈 수 있다. 그리고 궁극적으로는 성령이 전례 없이 부어지는 계절로 끌고 들어가, 10억 영혼의 추수에 대한 부르짖음의 성취를 이루게 될 것이다. 우리는 그러한 부으심이 이미 하나님의 마음 속에 있음을 안다. 그러나 우리도 해야 할 역할이 있다. 성경의 약속에 따라 하나님의 얼굴을 구하고, 우리에게 주어진 날들 가운데 가능한 일이 무엇인지를 보는 것이다. 이 책은 생생한 격려와 영감이 된다. 우리가 사는 날에 대한 예언적 통찰이 희소하고 심오하다. 개인적으로 변화될 것에 대한 준비를 하고 읽어보자. 그러면 우리 주변의 세상도 변화될 수 있을 것이다.

빌 존슨_캘리포니아 주 레딩 베델 교회 원로 목사/《하늘이 땅을 침노할 때》 저자

1부

한 세대를 준비하라

금식은 예언자를 낳고 강한 자를 더 강하게 한다.
금식은 법을 만드는 자를 지혜롭게 한다.
금식은 영혼의 보호 장치이며 육체의 믿을만한 동무이며,
투사의 갑옷이며 운동선수의 훈련이다.

| **가이사랴의 주교 바실** (주후 330~379년) |

| 1 |

나의 소명, 우리의 소명

부흥의 불은 한 민족 위에 임하기 전에 먼저 한 리더에게 임한다.

• 말콤 맥도우 & 앨빈 레이드 •

한때 예수 운동이라는 것이 있었다. 이 말을 듣고 60-70년대 수천 명을 구원에 이르게 했던 영광스러운 구원의 노래가 떠올랐다면, 약 2천년 정도 빗나갔다. 모든 참된 부흥은 일종의 예수 운동이라고 할 수 있지만, 사실 그 중에도 원조가 있었다. 그 원조 예수 운동은 금식과 회개의 메시지로 담대하게 그리스도의 길을 예비한 세례 요한이라 하는 이로부터 주후 약 30년경 시작된 것이었다. 그의 사역은 왕성했으나, 그 자신은 그리스도의 더 위대한 사역이 시작될 수 있도록 자신의 활동을 스스로 그쳤다. 요한이 고삐를 넘겨드리자, 주 예수께서는 40일 동안 금식하고 사탄에게 유혹을 받기 위해 광야로 이끌리셨다. 사탄과의 대면에서 승리하심으로 예수 운동이 시작된 것이었다.

내가 이러한 일련의 사건에 굉장한 관심을 갖는 것은, 단순한 역사가 아니라고 믿기 때문이다. 이것은 하나의 패턴을 나타내는 것이다. 세례 요한의 금식과 예수님의 금식은 그들의 사역의 다른 모든 부분만큼이나 중요하다. 금식 없는 예수 운동은 없다. 이것이 신학자들이 "성경의 영감에 대한 높은 관점"이라고 부르는 지혜의 배후다. 우연한 일은 없다. 모든 세부 사항 하나하나가 중요하다.

역사의 세부 내용 또한 중요한 것은, 역사가 원 안에서 움직이기 때문이다. 그 이유는 부분적으로 "해 아래 새 것이 없으며 지나간 세대는 잊혀지기(전 1:9, 11)" 때문이다. 인간은 악으로 향하게 되어 있기 때문에, 엄청난 건망증과 비극적 예측성으로 수천 년간 동일한 죄를 반복해 왔다.

그러나 로마서 5:20은 강력한 해결책을 제시하고 있다. "죄가 더한 곳에 은혜가 **더욱** 넘쳤나니." 이는 우리의 상습적인 반역의 역사가 아무리 깊어도, 하나님의 성품은 우리의 죄보다 더 신실하심을 보여 준다. 우리가 죄악 안에서 순환하고 있을 때, 하나님께서는 은혜로 순환하신다. 세대간의 부정적인 패턴을 시험과 소망, 갱신의 40년, 50년, 70년에 이르는 구속적 순환으로 대응하는 것이다. 우리의 어리석음은 실제로 크다! 그러나 주님의 자비는 훨씬 더 커서 그것을 초월한다. 우리가 해야 할 몫은 그 분께 향하는 것이지만, "하늘법정을 향한 우리의 상고(친구 더치 쉬츠의 표현)"는 대규모의 단체 기도와 금식에 덧붙여졌을 때 훨씬 더 효과적이다. 성경적으로 이것은 신성한 "리셋" 버튼과 같다. 땅과 하늘이 맞춰지도록 하는 영적 카이로프랙틱

치료 같은 것이다. 이 책에서 나는 왜 이 말이 사실인지를 여러 근거를 들어 보여주고자 한다. 여기에 모든 세대의 부흥 가능성이 존재하는 것이다.

〈예수님의 금식〉은 영적 전쟁 매뉴얼이면서 부흥을 향한 전세계적 소집 명령이다. 그러나 궁극적이고 가장 기본적인 것은 소망의 책이라는 것이다. 나는 우리의 집단적 건망증, 어쩌면 절망에 도전하고자 한다. 지난 부흥과 각성들을 기억함으로 말이다. 역사와 성경 가운데 나타난 기도의 패턴을 관찰하고 분별함으로써 우리 안의 성령이 다시 역사하사, 우리로 하여금 현재 즉 인류 역사의 약동하는 이 시간을 붙들어 열정과 초점, 헌신으로 하나님께 매달리도록 만들 것이라고 믿는다.

기수들의 각성

"효과적 리더들은 다른 모든 이들이 듣지 못할 때 하나님의 음성을 듣는다. 하나님의 부르심을 듣고, 헌신 가운데 확고하며 사람들과의 관계에서 그의 능력 가운데 인간의 이성으로는 설명할 수 없는 무언가를 보여준다[1]."

이는 CCC를 설립한 故 빌 브라이트 박사에 대한 적절한 묘사다.

---

1 ― Malcolm McDow와 Alvin L. Reid 〈Firefall: How God Has Shaped History Through Revivals〉 (Enumclaw, Wash.: Pleasant Word, 2002), 24 – 25쪽.

1994년, 브라이트 박사는 미국에 대한 막대한 부담감을 느끼기 시작했다. 조국의 미래가 기로에 놓여있음을 알았던 것이다. 개인적인 40일 금식 가운데 하나님께서는 새천년이 열릴 때 미국과 전세계 역사상 가장 큰 추수가 임할 것이라고 그의 심령에 말씀하셨다. 하나님의 백성이 한 민족으로 모여 기도와 금식 가운데 겸비한다는 **조건**으로 말이다. 그는 이렇게 회고한다.

> 그 전까지 하나님께서는 내 귀에 들리도록 말씀하신 적이 없었다. 그리고 나는 예언을 받지 못했다. 그런데 그 아침, 주님께서 내게 주신 메시지는 명확했다. "미국과 세계 대부분이 2000년이 끝나기 전에 위대한 영적 각성을 맞으리라는 것이었다! 그리고 이 부흥은 교회사 최대의 영적 추수를 촉발시킬 것이라고 하셨다!"
>
> 수백만의 성도들이 전심으로 금식과 기도 가운데 하나님을 구해야만 하나님께서 간섭하사 미국을 구원하실 것이라고 성령께서 말씀하심을 감지했다. 2백만의 신자들이 40일 금식으로 스스로 겸비하도록 기도하라고 성령께서 감동을 주시는 것을 알았다.[2]

이 통찰에 강권함을 느낀 브라이트 박사는 역작 〈다가오는 부흥: 금식, 기도 그리고 "하나님 얼굴 구하기"에 대한 미국의 소명〉을 쓰게 됐다. 우리는 정말 영향력이 큰 책들을 "축이 된다"고 한다. 무언가가 축이 되는 이유는 우리가 그것을 중심으로 회전을 하기 때문이다. 1995년, 이 책이 대중에 공개되고 2000년까지 엄청난 초교파적 반향을 불러일으켰다. 수십만의 신자들이 금식을 했다.

브라이트 박사는 그 때를 위한 하나님의 촉매제였다. "경첩"과 같은 사람이었다고 할 수 있다. 그의 소집으로 집단적 반응이 나타난, 역사의 축이 되었다는 말이다. 〈불의 폭포: 부흥을 통해 역사를 만들어가시는 하나님〉에서 말콤 맥도우, 앨빈 레이드는 그 역동성을 이렇게 설명한다.

> 민족 부흥의 패턴은 민족적 상황에 하나 혹은 몇 명의 리더가 기수로 등장하고, 여러 리더가 작은 지역에서 (추가적) 리더십을 드러내는 것이다. 부흥의 리더들은… 사람들에게 갱신을 설명하고, 결과를 보호하기 위해 조직하고 성령의 리더십 하에서 활동들을 지휘한다.… **부흥의 불은 한 민족 위에 임하기 전에 먼저 한 리더에게 임한다**[3].

브라이트 박사는 예언적으로 이런 담대한 선언을 하여 미국 전체를 자극했다. "다가올 부흥의 약속에는 하나의 조건이 있다.… 수백만의 성도들이 먼저 스스로 겸비하고 금식과 기도 가운데 주님의 얼굴을 구해야 한다는 것이다[4]."

---

2 — Bill Bright 〈The Coming Revival: America's Call to Fast, Pray, and "Seek God's Face"〉(Orlando, Fla.: New Life Publications, 1995).

3 — McDow와 Reid 〈Firefall〉 11쪽, 24쪽.

4 — Bright 〈The Coming Revival〉 157쪽.

교회사 가운데 가장 위대한 전도자요 대학 캠퍼스 운동의 리더인, 빌 브라이트 박사 같은 사람이 40일 금식을 촉구할 때는 교리나 시점의 세세한 내용을 따질 시점이 아닌 것이다. 흔히 하나님과 역사를 만들어가는 데에서 빠져나갈 궁리를 할 수 있다. 왜냐하면 우리의 육신은 더 쉬운 길을 원하고 우리의 생각 가운데에는 불신이 자욱하기 때문이다. 역대하 20:20은 교회를 향한 비전을 더없이 명확하게 보여준다. "그의 선지자들을 신뢰하라. 그리하면 형통하리라."

그래서 교회는 그렇게 했다. 파도와 같은 신자들이 수십만씩 줄이어 금식과 기도에 대한 부르심에 응했다. 나는 저명한 YWAM 리더가 거의 미국에 대한 소명을 포기했었다고 얘기하는 것을 들었다. 내심 다른 나라에 복음을 전하는 일에 초점을 맞추기 위해 스스로 은퇴를 생각하고 있었다는 것이었다. 그러나 빌 브라이트 박사가 금식을 촉구했을 때, 그 리더는 이렇게 말했다. "이제 내겐 소망이 가득하다."

왜였을까? 크리스천들에게 주어진 가장 강력한 무기는 **금식**, 그리고 **기도**로 표현되는 **겸손**이기 때문이다. 빌 브라이트Bright 박사는 그 이름에서부터 세례 요한의 본을 따르고 있었던 것이다. 예수께서 이렇게 말씀하셨기 때문이다. "요한은 켜서 **밝게**brightly 비추이는 등불이라(요 5:35). 나는 하나님의 위트라고 믿는다!

1996년 1월, 나는 브라이트 박사가 촉구한 금식과 기도로의 부르심에 응하게 됐다. 마찬가지로 이 책의 공동 저자인 딘 브릭스도 브라이트 박사의 소집에 반응하여 첫 40일 금식을 하게 되었다. 그의 삶에 있어 하나의 축이 된 순간이었다. 그러한 순간은 전이가 된다.

바로 DNA를 전수한다는 말이다.

이 책이 던지는 질문 중 하나는 "브라이트 금식은 어떻게 되었는가?"이다. 여기엔 언어와 시점이라는 중요한 문제가 있다. 많은 이들은 이렇게 질문할 것이다. "추수가 어디 있는가?" 왜냐하면 위대한 영적 각성을 추수와 동일시하기 때문이다. 그러나 브라이트 박사가 예견한 바를 다시 보라. 그의 말은 사실 그 각성이 추수로 **이어질 것**이라는 것이었다. 이 책에서 보겠지만, 중대한 영적 각성이 실제로 2000년이 끝나기 전에 시작되었고, 그것은 세계적 기도 운동의 형태였다. 우리는 약속된 추수가 임할 것으로 믿는다. 그리고 지금도 임하고 있다.

브라이트 박사에게 진 빚

나는 브라이트 박사에게 영원히 감사할 것이다. 더콜이라고 하는 나의 기도 사역은 그의 책 덕분에 탄생된 것이었다. 잘 모르는 이들을 위해 설명하자면, 더콜은 전략적 금식과 기도의 날들을 위해 수십만 명을 모은 "거룩한 성회"다. 우리는 요엘 2장의 패턴을 다루고 있는데, 그 말씀은 거룩한 성회로 위기의 가정, 도시, 심지어 민족들의 역사까지도 어떻게 바뀔 수 있는지를 보여준다. 놀랄 것 없는 것은 내 개인적으로 겪은 가장 강력한 전환점들도 장기 금식의 시간들을 통해 임했기 때문에 이 책을 통해 나는 여러분이 중보라는 이 오랜 역사의 강력한 무기를 담대하게 들어 사용하도록 권고하고자 이 중 많은 이야기를 나누려고 한다. 책의 끝에 가서는 여러분도 기도라는 핵무기의 엔지니어가 된 스스로의 모습을 발견할 것이라 믿는다.

〈예수님의 금식〉은 개인적 제자 훈련의 수준을 훨씬 뛰어넘는다. 그 부분에 대해 총체적으로 다루고 있는 탁월한 책들이 많기 때문이다. 오히려 나는 집단적 수준으로 그 범위를 분명히 확장시키고자 한다. 〈예수님의 금식〉은 조짐들에 대한 것이다. 일생에 한 번 임하는 세대적 전환 말이다. 혼란 속에서 영광을 만들어내고, 모든 족속, 방언, 민족의 가장 깊은 외침에 언어를 붙여주는 것이다. 다가올 하나님의 날을 앞당길 수 있도록 말이다(벧후 3:12). 그러므로 우리가 전세계적으로 연합하여 하나님을 향해 나가는 것은 가장 순결한 형태의 집단적 갈망을 나타내준다. 그것은 성경적 패턴이기 때문일 뿐 아니라, 우리가 가진 필요를 가장 진실되게 보여주기 때문이기도 하다.

형제 자매들이여, 우리 민족들은 무엇보다도 하나님을 필요로 한다. 음식보다, 물보다, 공기보다 말이다. 국가의 안보보다, 주식 시장의 번영보다, 평화보다 말이다. 이 땅의 민족들은 정치적 메시아나 세제 개편, 보수 혹은 진보의 사회적 어젠다가 필요한 것이 아니다. 우리에겐 하나님이 필요하다!

나는 이 책에서 수줍게 표현하지 않을 것이다. 시간은 얼마 남지 않았고, 나팔은 명확한 소리를 내야만 한다. 그러므로 우리는 성경이 주요한 전환의 순간에 금식을 어떻게 적용하는지를 살펴볼 것이다. 나는 이 때를 "역사의 경첩과 같은 순간"이라고 부른다. 이 모든 것은 최근 역사에 반대되는 시간표처럼 제시될 것이다. 여러분이 하나님 앞에 스스로 믿음 가득한 반응을 보이도록 독려하기 위해서 말이다. 나는 반복적으로 때를 지혜롭게 인식하고, 그 후엔 믿음으로 그 안에 들어가도록 도전할 것이다. 역사는 단지 영광스러운 과거나 잠재적인 미래를 표현하기 위해 쓰는 말이 아니다. 하나님의 음성의 긴박한 **현재성**에 신실하게 반응함으로 우리가 만들어가는 순간들인 것이다.

이 시간을 위해 너무나 신실하게 준비해 준 폭넓은 신자들, 셀 수 없이 많고 다양한 사역체들에 진심어린 감사의 말씀을 먼저 전하고 싶다. 이 사역체들은 나 자신의 믿음 생활에 자양분이 되어주었다. 그러나 나는 하나님께서 이 시간을 위한 독특한 역할과 목소리를 더콜에 할당해 주셨다고 믿는다. 우리가 지니고 선포해 온 특정한 메시지들과 사역체로서 우리가 매달려 온 성경의 간섭주의 부흥 전략 때문에 말이다. 이 책에서 담대하게 제의하면서도 겸손하게 설명한 내용은 일반적 기도 운동과(그 운동의 일부인) 더콜이 만군의 주님께서 당신께서 전하시는 이야기 가운데 주요한 전환점을 표시하시도록 사용하시는, 폭넓고 단체적인 나실인의 전략의 한 유형이라는 것이다. 우리가 그 순간 가운데 있다면, 우리가 그 순간 가운데 있음을 알게 해줄 것이다. 다가올 것들에 대해 능동적으로 준비할 수 있도록 말이다. 금식과 기도는 이 방정식의 중대한 부분이다.

소천하기 전에 빌 브라이트 박사는 내게 말했다. "하나님께서 사람에게 비전을 주실 때는 결코 다른 누군가에게 위임하지 않으신다." 1996년, 나는 브라이트 박사의 민족적 금식에 대한 비전에 붙들렸다. 어떤 면에서 그것은 나의 비전이 되어버렸다. 이제 나는 온 힘을 다해, 할 수 있는 한, 온 세상을 전세계적 예수 금식으로 불러내고자 한다.

여러분의 손엔 초대장이 쥐어져 있다. 읽어 보라. 하지만 그저 읽기만 하지 말라. 그 속으로 뛰어들라.

| 2 |

부흥의 발화점

주변 세상을 바라보라. 요지부동하고 확고한 곳처럼 보일지 모른다.
그러나 그렇지 않다. 제대로만 밀면 세상은 조금만 밀어도 넘어갈 수 있다.

· 말콤 글래드웰 ·

어떻게 보면 이 책은 30년 동안 쓰여져 왔다고 할 수 있다. 딘이 내게 이런 질문을 했을 때 갑자기 구체화된 것이었다. "루, 만 명의 사람들에게 단 하나의 메시지를 전할 수 있다면, 그런데 주님께서 주신 말씀을 올바로 전하기만 하면 세계적 부흥을 촉발시킬 수 있다고 하면, 어떤 메시지를 전하겠어?"

즉각적으로 답이 떠올랐다. 정말이지 내면 깊은 곳으로부터 눈물이 왈칵 솟아나왔고, 질문과 답 모두가 믿음으로 나를 채웠다.

"온 세계가 40일 금식을 하도록 소집할 거야!" 나는 외쳤다. "할 수만 있다면, 전세계 모든 민족이 수년간 대규모의 장기 금식에 헌신하도록 촉구할 거야. 이렇게 한다면, 도처에서 부흥이 일어날 것이라고 나는 확실히 믿어. 멈출 수 없는 일이 될 거야!"

어떻게 그런 주장을 할 수가 있었을까? 반박하지 못할 성경적 증거와 과거와 현재의 역사 가운데 압도적인 사례들이 있기 때문이다.

장기 금식의 폭발적 능력

지난 70년 동안, 커다란 금식 운동이 두 번 일어났다. 주관적으로 이야기하자면 첫 번째는 그 여파가 전세계에 미쳤지만, 총 숫자 면에서는 더 적었을 것이다. 두 번째는 놀랍도록 초교파적인 것이었지만 미국에 국한된 측면이 있었다. 이 두 운동은 모두 심오한 영적 각성, 복음주의의 폭발, 그리고 열방을 향한 하나님의 구속을 전략적으로 확장하는 모태가 되었다.

두 번째 운동이 내가 앞서 다룬 브라이트 박사의 것이다. 그런데 어쩌면 더 의미가 있을 첫 번째 운동은 프랭클린 홀의 책 금식과 기도를 통한 〈원자력적인 하나님의 능력〉에 의해 개시되었다. 열정을 가지고 일어난 한 무리의 신자들에 의해서 말이다.

기도와 금식에 대한 예수 그리스도의 복음의 가르침을 들으러 다양한 교파의 사람들이 샌디에이고에 모였다. 이 그리스도인들 중 많은 이들은 성결의 금식으로 나아갔다.… 이 금식 중 일부는 연속으로 21일에서 60일 이상 음식을 먹지 않는 형태였다. 그들은 주님께서 특별하고 영적인 방식으로 역사하시는 것을 보고자 하는 부담이 있었다. 이들을 비롯한 많은 이들이 인류의 구원과 치유로 이어지는 세계적 부흥을 보고자 했다.… 수많은 그리스도인들이 금식과 기도로 연합했을 때 나타난 놀라운 결과는 말로 할 수 없는 것이었다[1].

이 성도들이 부흥을 위한 금식을 시작한 것은 1946년이었다. 그로부터 불과 몇 개월 전인 1945년 8월 6일, 미국은 최신 무기를 도입했는데, 그것은 인류 역사상 유례가 없을 정도로 강력한 비대칭 무기 즉 핵폭탄이었다. 핵폭탄 두 기가 일본의 두 도시 히로시마와 나가사키에 떨어져 쑥대밭을 만들어 놓았다. 나는 핵폭탄의 장점을 논한다거나, 그 피해자들의 고통을 축소시킬 의사는 전혀 없다. 다만 프랭클린 홀이 금식의 영적 실재를 묘사하는 데에 새로운 은유를 제대로 인식했다는 점을 지적하는 것이다. (금식의 "능력적 차원"에 대해서는 2부에서 살펴볼 것이다.) 실천적 측면에서의 금식은 1946년에 전혀 새로운 것이 아니었다. 그러나 대단히 거대한 규모의 기도와 결합된 이러한 장기 금식의 형태는 교회사 가운데 극히 드문 것이었다.

그런데 샌디에이고의 그러한 초라한 시작에서 비롯되어, LA와 남캘리포니아 전역의 많은 이들이 함께 금식하기 시작했다. 하나님께서 그 메시지에 생기를 불어넣으셨던 것이다. 갑자기 산불처럼 장기 금식에 대한 부르심이 미국 중서부, 그리고 북부를 넘어서 캐나다로

---

1 — Franklin Hall 〈Atomic Power with God through Fasting and Prayer〉 (Phoenix, Ariz.: 개인 출판, 1973), 1쪽.

이어졌다. (이는 현대 통신과 SNS가 존재하기 한참 전의 일이다.) 샌디에이고의 성도들이 기도했던 것처럼, 주님께서는 홀이 "특별하고 영적인 방식"이라고 부른 그대로 역사하셨다. 전세계 여러 나라의 소그룹으로부터 책 주문이 밀려 들어왔다. 그들이 금식과 기도로의 부르심에 응답했기 때문이었다. 수천 개의 보고가 쏟아져 왔다. 1948년에 이르러 성령의 강력한 부으심이 캐나다 노스 배틀포드에 임했다. 이후 '늦은 비 운동'이라고 이름 붙여진 이 역사는 성령의 은사들이 새롭고 특별한 방식으로 다시 나타난 부흥이었다. (그리고 특정한 오류에 빠졌다는 이유로 상당한 비방을 받아 왔다[2].)

상대적으로 작은 규모였던 이 금식 운동의 폭발적 특질은 불균형적이라 할 만큼 세상을 흔들어 놓았다. 그것이 바로 금식의 능력이다! 그저 음식을 거르고 기도하는 것이 아닌, 훨씬 거대한 영적 실체다. 슬프게도 교회의 무기고 안에 있지만 충분히 쓰이지 않고 있는, 가장 폭발력이 강한 무기라고 할 수 있는 것이다.

(여러 면에서 이 책의 전편이라고 할 수 있는) 내 책 〈부흥의 우물을 파라〉에 보면, 늦은 비 운동 형제단을 인용하여 홀의 영향력에 대해 한 장 가득 썼다.

> 금식의 진리는 부흥에 있어 하나의 위대한 기여 요인이었다.… 앞서 우리는 장기 금식의 가능성을 이해하지 못했다. 우리의 좋은 형제 홀을 통해 이 위대한 진리가 회복되지 않았다면 부흥은 가능하지 않았을 것이었다[3].

그 운동이 가진 선한 것들의 상당 부분은 오늘날까지 계속해서 하나님의 왕국을 확장시키고 있다. 늦은 비 운동은 오늘날 경배 운동의 뿌리에 있다. 또한 성령의 강력한 은사를 표현하고 후에 등장할 은사주의와 예수 운동의 기초를 닦음으로써 갓 탄생한 오순절 운동을 더 큰 규모의 세계적 의미로 내던지는 데에 중대한 것이기도 했다. 아주사가 (잠시나마) 방언과 연합을 회복시켰다면, 늦은 비 운동은 하나님의 영광과 그 분의 현저한 임재라는 차원에 대한 이해를 가져왔다. 예언적 계시와 더불어 지식의 말씀과 지혜의 말씀의 회복이 하나님의 영의 신선한 유입에 속하게 되었다. 그로 인해 수많은 현존하는 사역체들이 장래의 성도들을 무장시킬 수 있는 위치에 서게 되었다.

홀의 책이 출간되고 얼마 지나지 않아 자메이카라는 조그마한 섬나라는 단체 금식이 가진 원자력에 대한 사례 연구 대상이 되었다. 한 번의 부흥으로 9천 명까지 회심을 한 경우가 있었던 것이다. 〈원자력적인 하나님의 능력〉은 자메이카 전역에 순식간에 번졌고, 수없

---

2 — 루터로부터 칼뱅, 청교도 운동, 1차와 2차의 대각성, 아주사에서 토론토 부흥에 이르기까지, 어느 정도의 오류가 하나님의 모든 회복적 역사에 수반되었음을 겸손히 인정하자. 이는 실수를 할 수밖에 없는 인간이 이 방정식에 포함되어 있기 때문에 불가피하다. 성경은 분명히 우리에게 열매를 시험할 것을 명하지만, 연약함과 육체, 오류가 있는 모든 것을 전적으로 버리라는 쪽이 강조되는 것이 아니라 "선한 것을 붙들라(살전 5:21)"는 말씀에 강조점이 있다.

3 — Lou Engle과 Catherine Paine 〈Digging the Wells of Revival〉 (Shippensburg, Pa.: Destiny Image, 1998), 147쪽.

이 많은 이들이 금식과 기도를 하고 있던 중에 전도자 T. L. 오스본이 그 곳을 찾았다. "자메이카에서 열린 한 번의 집회를 통해 최대 125명의 청각 장애인과 90명의 완전한 시각 장애인"이 치유를 받았고 "그 외에도 수백 명이 동일한 기적적 치유를 받는 결과를 낳았다[4]."

자메이카만이 아니었다. 1947년, 오럴 로버츠, T. L. 오스본, 고든 린제이를 비롯한 수많은 이들을 통해 커다란 치유의 부흥이 터졌다. 그리스도 열방 신학원(CFNI: Christ For the Nations Institute)을 설립한 린제이는 홀의 강의에 굉장한 영향력을 받았으며 금식을 통해 풀어진 능력에 힘을 입었다. 그래서 자신의 경험을 〈기도와 금식: 불가능을 여는 마스터키〉라는 책으로 기록했다. 홀은 이렇게 썼다. "이처럼 강력한 금식의 물결은 기독교계를 흔들어 놓기 시작한 주요 복음주의 치유 집회를 앞섰다.… 그를 통해 집회마다 수백, 심지어 수천 명이 회심을 했다[5]." 후에 아프리카에서 대규모 전도 집회를 통해 수십만 명을 그리스도께로 인도한 오스본은 홀이 자신에게 미친 영향을 두고 이렇게 감사를 표했다. "그대의 책들을 읽음으로… 우리의 삶은 금식과 기도의 혁명을 거치게 되었다[6]."

여기서 시간 순서를 간과해선 안 된다. 단체 금식은 1946년에 일어났다. 치유는 1947년에 일어났던 것이다. 현대의 가장 파급력 있는 복음 전도 사역이 곧 이어졌다. 빌 브라이트가 1948년, 빌리 그레이엄의 천막 부흥이 1949년이었다. 브라이트도 그레이엄도 홀의 금식 운동과 직접적인 연관은 없었지만[7], 내가 주장하고자 하는 것은 단체 장기 금식이 강력하고 기름 부음 받은 자녀들을 낳은 동력이었다는 것이다. 나는 이러한 역사가 그 실체에 대한 수박 겉핥기라고 보는데, 이 핵무기의 충만한 능력을 아무도 제대로 보지 못했기 때문이다.

원자력의 새로운 등장

수년 전, 딘 브릭스 목사는 꿈을 꿨다. 장기 금식의 핵폭탄 같은 능력과 그로 인해 위대한 구원을 부으시는 역사가 연결되는 꿈이었다. 8장에서 이러한 연관성에 대해 더 자세히 볼 테지만, 일단 지금은 그 꿈 이야기를 살펴보기로 하자.

전쟁에 대한 이야기와 고조되는 국제 갈등 가운데, 나는 핵폭탄을 장착하여 폭파시켜야 하는 일급 비밀 작전을 수행할 엔지니어였다. 너른 들판에 폭탄을 설치하려 하는데, 풀밭에 불이 나서 모두 도망하게 된다. 나는 안전한 곳을 찾아 질주하고 어떻게 해야 가까이 다가가 내 임무를 마칠 수 있을까 궁리하며 주변을 맴돌기 시작한다. 그런데 친구 하나가(우연인지 그는 인생 상담 코치다) 갑자기 나타나, 땅에서 불을 들어다가 나와 다른 사람들에게

---

4 — 같은 출처.

5 — Hall 〈Atomic Power〉 2쪽.

6 — 같은 출처.

7 — 나는 빌리 그래함이 도덕적 실패와 치유 부흥주의자들의 지나친 것들로부터 스스로를 지키기 위해 팀 전체가 금식과 기도에 헌신하도록 했다는 일화를 그의 친구들에게 들었다.

던지기 시작한다. 원을 그리며 주변을 뛰고 있는 가운데 그는 불꽃 안쪽으로 나를 따라오며 불타는 바닥에서 잉걸불을 계속해서 던지며 자꾸 이렇게 말한다. "딘, 불로 가라. 불로 가라. 불로 가라!"

나는 폭탄이 아직 제대로 폭파되지 않았음을 안다. 마침내 불 쪽으로 향하여 폭탄을 취하고, 그것을 다시 제자리로 찬다. 폭파되면서 그 폭탄은 하늘에서 버섯 기둥을 형성한다. 모든 것이 진동한다. 분명 나도 삼켜질 것 같아 도망하는데, 놀랍게도 하나도 다치지 않는다.

불현듯 하늘 전체가 본 적 없이 크나큰 영화 스크린 같은 메시지로 가득해진다. 지구 전체에 누구도 하나님께서 친히 파노라마 같은 복음의 이야기를 해주시는데 피할 수 있는 사람은 없다. 이 땅의 사람들이 오랫동안 무시하거나 조롱해 왔던 그것이 실로 진리이며, 그에 반응할 수 있는 시간의 창은 이제 닫혀가고 있음을 선포하시는 것이다. 주님께서는 곧 오신다. 심판은 영원히 지연될 수 없다. 나는 압도당한 채 쳐다보며 통곡하게 된다. 하늘의 메시지가 노아의 약속과 같기 때문이다. 꿈에서 모든 것이 대규모로, 그리고 알 수 없는 방식으로 변화될 것이며 우리는 거기에 대비해야 한다는 마이크 비클의 예언의 말씀이 막 선포된 상태였다. 왜냐하면 10억 영혼을 마지막으로 모으시는 때가 이제 막 시작될 것이기 때문이었다. 모든 것이 변화되기 시작하면, 잃어버린 자들을 구하기는 쉬워질 것이었다.

꿈 속에서 압도당하고 멍해졌지만, 내가 들은 바가 진리임을 알았다. 하늘의 환상이 바래져갈 때, 나는 내 쪽으로 향해 온 첫 번째 사람을 붙잡았다. 20대의 남성이었다. 어쩔 줄 모르는 그에게 설득은 필요 없었다. 그저 고개를 끄덕이며, 복음을 받아들이고자 하는 의지와 필요를 보였다. 나는 연약하고 어색한 기도를 더듬더듬 했다. 그는 거의 나보다 앞서다시피 기도를 중얼거린다. 마치 실제로 하는 기도는 형식에 지나지 않는 것처럼 말이다. 그의 심령은 이미 그리스도께 복종하기로 결정되었기 때문이었다. 긴박감으로 가득한 나는 그 다음 사람, 그 다음 사람을 찾았다. 거의 모든 이들이 열려 있었다. 준비되지 않은 몇몇은 내가 무엇을 전하는 줄 알고 금세 지나친다. 나는 그들의 완강한 거부에 놀라 통곡한다. 하지만 원하는 이들이 너무나 많아 결코 시간을 낭비할 수가 없다. 이것이 마지막 초청이다.

꿈이 끝나가는데, 표적과 이사가 사방에서 터져 나온다. 치유의 기적들이 일어난다. 각처에서 간단한 복음 전파에 이어 구속과 치유, 구원을 위한 기름 부으심의 물결이 이어진다. 깨어났을 때 나는 잃어버린 영혼들을 향한 하나님의 큰 사랑으로 충만하여 통곡하고 있었다. 그리고 달콤하고 무거운 주님의 임재가 내 침실을 가득 채우고 있었다. 나는 곧바로 시계를 바라보았다.

― 오전 3:16였다. 마치 요한복음 3:16처럼.

브릭스 목사가 이 꿈 이야기를 내게 해주자마자, 나는 그 의미를 알 수 있었다. 핵폭탄은 집단적인 장기 금식이다. 홀과 빌 브라이트가 이해한 것과 동일한 내용이었다! 미주리 주에 위치한 캔자스 시에 국제 기도의 집을 설립하고 이끌어가고 있는 마이크 비클은 세계적 기도를 상징한다. 세계적 기도와 금식이 대규모 추수를 위한 준비 단계라는 것이 메시지다.

이것은 단순한 꿈이 아니다. 또한 〈원자력적인 하나님의 능력〉의

출간에 이어서 실제로 일어난 일이었다. 그레이엄과 브라이트 목사의 복음 전도에 있어서의 영향력을 생각해 볼 때, 둘의 여파를 합치면 가공할 만한 것이다. 그들은 하나님의 부르심을 받은 젊은이들로, 정력과 비전이 가득한 이들이었다. 그 때에 금식하는 성도들의 중보에 대한 하나님의 응답에 그들이 속해 있었을까?(홀이 쓴 책 속 한 장의 제목임) "예수님의 금식"이 전도자 예수에 대한 신선한 계시를 풀어냈을까? 그래서 다른 이들의 금식하는 중보를 통해 그들이 물려받은 기름 부으심이 그들 위에 머물러 있던 것이 아닐까? 그들보다 앞서 성령께서 진실로 문화를 변혁시키는 능력을 부어주심으로 역사하셨던 민족적 금식 운동, 땅을 갈아엎는 역사가 없이 그들의 사역이 그처럼 빨리 뿌리를 내리고 번창할 수 있었을까? 영적 원자력이라는 길을 따르겠다는 단순한 헌신으로 부흥의 능력이라는 도미노 효과가 나타났을까? 자연적 현상으로 볼 때 물리학자 월터 그레이엄이 "우주의 불 자체"라고 묘사한[8] 자연력 말이다.

홀은 이렇게 설명했다. "창조주가 당신께서 만드신 것들보다 위대하신 것처럼, 그리스도인이 금식과 기도를 통해 발하는 능력 역시 핵과학자가 휘두르는 능력보다 크다[9]."

독자들이여, 이것이 내 인생에서 30년간 지녀온 마음의 울부짖음

---

8 — Hall 〈Atomic Power〉 30쪽.

9 — 같은 출처.

이자 지속적인 기도요 여정이었다. 이 때문에 나는 **전세계적 예수 운동을 위한 전세계적 예수 금식**이 역사의 순서상 다음에 일어나야만 하는 일이라고 진정 믿는다. 이 책을 쓰면서 나는 우리가 모든 열방의 교회를 역사상 가장 위대한 추수로 부르고자 하는 가운데 브릭스 목사가 그 동일한 꿈을 성취하는 것이라고 믿는다. 어떻게 그렇게 할 수 있을까? 패턴을 따르면 된다. 대규모의 집단적 금식과 기도다. 그것이 원자력이다. 내게도 그 부르심이 들린다.

불로 가라! 불로 향하여 가라!

주제넘게 들리는가? 그렇지 않기를 바란다. 딘이 내게 질문을 했을 때, 나는 그 답을 알고 있었다. 성경이 그것을 확증해 주기 때문만이 아니라, 내 자신이 작고 개인적인 수준에서 여러 차례 그것을 체험해 봤기 때문이었다. 이 때를 위한 부흥을 믿고 앞서간 수많은 이들과 함께하는 수백만의 성도들과 협력하여 30년간 기다림, 구함, 기도와 금식, 부흥을 두고 씨름한 가운데, 나는 우리 각자에게 주어진 몫이 있음을 확실히 안다. 그러므로 어떠한 새로운 해법을 주장하는 것이 아니며, 내가 이것을 주장하는 최초이거나 최고의 대변인도 아니다. 여러 지도자들이 이 메시지를 내가 상상할 수 없을 정도로 널리 퍼뜨려왔다.

하지만 나는 한 가지 중요한 제안을 새로이 하고자 한다. 그것은 **초점**이다. 우리가 살아가는 때를 계시해줄 수 있다면 계측되고 판단되어야만 하는, 구별된 초자연적 스토리라인에서부터 솟아나오는 초점이다. 이 책에서 나는 여러 가지 이야기를 나눌 것이지만, 지면 관계상 나눌 수 없는 더 많은 이야기들이 있다. 경이로운 이야기들이다. 하나님께서는 왜 내게 이런 인생의 메시지를 주셨을까? 너무나 강렬하게, 여러 방법으로 확증해 주신 예언적 메시지를 말이다. 왜 수십만 명이 응답했을까? 더콜이, 어떤 작은 면에서, 훨씬 더 큰 움직임의 한 부분이고 하나님의 심령 가운데 **지금** 존재하는 우리 세대를 향한 표징이라면 어떨까?

새로운 아주사에 대한 약속

현대에 가장 의미 깊은 부흥 중 하나인 1906년 LA 아주사 거리의 위대한 오순절 역사를 간단히 되짚어 보자. 이 성령의 부으심 기간 중의 리더는 윌리엄 시무어로, 베델 성경 학교의 설립자 찰스 파햄의 학생이었다. 베델 성경 학교를 통해 그는 학생들에게 성령 세례와 방언을 받기를 구하도록 촉구하였다. 파햄 아래서 수학하는 것은 흑인인 시무어에게 도전이 되었다. 파햄은 분리주의 지지자였기에, 그가 교실 밖에 앉아 문에서 자신의 강의 듣는 것을 허락할 뿐이었다.

이후 시무어는 LA에서 성령 세례의 필요에 대해 설교를 하게 되었는데, 그것은 유명한 바니 브레 스트리트 하우스에서 열린 성경 공부와 기도 모임으로 이어졌다. 수주 후인 4월 9일, 그 일원 중 한 명에게 방언이 터졌고, 다른 이들도 곧 함께하게 됐다. 이 소식은 백인, 흑인, 히스패닉, 중국계 등 모든 사회 계층으로 급속히 퍼져나갔다.

그 때 일어난 일이었다.

아주사 거리의 부흥은 충만하게 임했다. 3년 넘는 시간 동안, 일주일에 7일씩 매일 3번의 예배가 드려졌다. 리더들은 그 순서와 행사에 있어 온전히 성령께 의존했다. 노래는 즉흥적이었으며 무반주였다. 표적과 이사가 꾸준히 나타났다. 방언 은사의 현대적 갱신이 이뤄졌다. 수만 명이 구원 받고 치유되고, 성령 세례를 받았다.

그만큼 놀라웠던 것은, 사도행전 2장에 나오는 최초의 오순절 역사처럼, 모든 나라와 인종과 교파에서 온 형제자매들이 예배와 기도로 함께 했다는 것이었다. 위대한 사랑의 영이 잉글랜드계, 아일랜드계, 독일계, 스위스계, 스페인계, 중국계, 멕시코계, 유대계, 스코틀랜드계, 아프리카계 사람들을 뒤덮었고, 그들의 인종적 차이는 아무런 문제가 되지 않았다. 아이러니컬하게도 1906년에는 그 때까지 어느 해보다 미국 흑인에 대한 폭력적인 공격이 많았다. 그리고 그 와중에 미국 흑인 한 명이 연령, 성별, 인종에 대한 차별 없이 모두 한데 섞인 예배를 인도했다! 그것은 진정한 부흥이었다.

성령의 부으심이 지속되진 않았지만, 그 짧고 폭발적인 영광의 맛은 아주사의 불을 다른 50개국으로 퍼뜨렸으며 그 불은 이후 꺼지지 않았다. 오늘날까지 아주사로부터 탄생한 오순절 및 은사주의 교파들은 전세계 기독교 교파 가운데 가장 급속도로 확장 중이다. 그뿐만 아니라 이러한 하나님의 역사는 진정 세계적 규모였으며, 1904년 웨일즈 부흥, 1905년 인도 부흥, 1907년 한국의 평양 대부흥과 함께 엄청난 효과를 냈다.

그런데 우리에게 세대를 넘어 전수되어 온 예언의 말씀에 따르면, 아직 가장 큰 부흥은 오지 않았다. 1909년, 예언의 영의 기름 부으심 아래, 윌리엄 시무어는 대략 100년 안에 **아주사에서 체험했던 것보다 훨씬 크고 폭넓은** 하나님의 영의 부으심과 주님의 셰키나 영광이 있을 것이라고 선포했다. 얼마 지나지 않은 1913년, 마리아 우드워스 에터는 시카고에서 하나님의 강력한 부으심을 경험하고 있었다. 마찬가지로 그녀도 약 100년 내에 또 다른 부으심이 있을 것을 예언했다. "우리는 아직 이른 비의 충만함을 경험하지 못했으며, 늦은 비가 내릴 때는 우리가 지금까지 본 모든 것을 초월할 것이다!"

우리는 이러한 시간대에 살고 있다! 내 심장은 역사적인 부흥을 다시 보고자 끓고 있다. 하나님께서 원하시는 한, 그 어느 부흥보다 더 큰 부흥일 것이다. 그러나 부흥이 아직 일어나지 않는다는 것은 분명한 사실이다. 부흥은 원인이 아닌 결과다. 누가 금식과 기도로 그 값을 치를 것인가? 시무어가 등장하기 전, 아주사와 패서디나의 단단한 땅은 프랭크 바틀맨과 같은 여러 중보자에 의해 기경되어 왔었다. 사실, 나는 조금이나마 그의 겉옷과 메시지를 이 세대에 전하도록 내가 부르심 받았다고 믿는다.

나의 불타는 책

프랭크 바틀맨은 아주사 부흥을 직접 목격하고 그 이야기를 기록했다. 아주사에서 하나님의 영이 이뤄낸 비범한 인종간 조화 가운데 "예수의 피가 피부색을 씻어버리는 것"에 주목한 사람이 바로 그였다. 얼마나 강력한 선언인가! 하지만 오해는 말라. 부흥은 그냥 "터진" 것이 아니었다. 그보다 앞서 바틀맨과 여러 사람들이 기도로 수고했다. 그는 부흥을 너무나 갈망하여 아내가 그의 건강을 두고 두려워할 정도였다. 금식에 너무나 격렬하게 헌신했었기 때문이다.

바틀맨은 이렇게 기록한다.

내 건강은 꽤나 좋지 않다. 하지만 내게 주어진 일을 끝내기까지 살 것을 나는 믿는다. 어려운 곳에 가고자 하는 사람이 거의 없지만, 내가 할 일은 다른 사람이 가지 않는 곳에 가는 것이다. 하나님께서는 오직 하나님의 왕국 외엔 다른 어떤 삶의 목적도 가지지 않은 사람으로 하여금 강자에게 요구되는 일을 하도록 하시는 것 같다. 나는 주님을 섬기는 데에 사용되어 기꺼이 소진되고자 한다. 나는 녹슬어버리기보다는 닳아 없어지고 싶다. 나는 마귀를 위해 살찌기보다는, 필요하다면 하나님을 위해 굶주리고 싶다[10].

기도의 파수꾼으로서 LA 거리를 서성거리던 바틀맨은 마침내 하늘의 수문이 열리는 것을 보았다. 그는 직접 본 것을 토대로 〈아주사 거리〉라는 전체적인 이야기를 전한다. 나는 수년간 이 책을 여러 차례 읽었다. (여러분도 읽어볼 것을 강권한다.) 그런데 한 번은 이런 적이 있

---

10 — Walter Wink 〈The Powers That Be: Theology for a New Millennium〉 (New York: Galilee Doubleday, 1993), 15쪽

었다.

1986년 장기 금식 기도 중, 나는 이 강력한 하나님의 변혁의 역사 가운데 내 자신을 다시 담그고 있었다. 금식 18일째, 부흥에 대한 부담이 내게 너무나 강력하게 임하여 어느 밤 나는 이렇게 부르짖기 시작했다. "하나님, 프랭크 바틀맨의 겉옷을 제게 주십시오! 1906년과 같은 부흥을 제게 주십시오! 저는 이 강력한 기도의 사람처럼 기도하고 싶습니다!"

나는 고역의 영에 체포되어, 밤이 늦도록 주님을 열정적으로 부르짖었다. 심령 가운데 나는 선지자의 겉옷을 받기까지 엘리야를 떠나기를 거부한 엘리사처럼 느껴졌다. 나는 이 오순절의 선구자의 DNA를 지니고 있으며, 그의 부흥에 대한 끈덕진 헌신이 우리 시대에도 절실히 필요함을 알았다. 그리고 내게도 그것이 필요함을 알았다. 그러니까 나는 진정한 성령의 선조가 팠던 우물을 다시 파고자 부르짖고 있었던 것이다. 결국 난 지쳐서 부담을 떨치고 잠을 청하게 됐지만, 나와 하늘 사이에 진정한 거래가 일어난 것 같았다.

여기서 잠시 멈추어 크리스 버글런드라는 사람과 내가 약 30년간 누려온 깊고도 언약적인 우정을 소개하려 한다. 크리스는 하늘의 꿈을 꾸는 사람이다. 예언적 은사를 통해 그는 거룩한 전략의 흐름에 일상처럼 접근해 왔다. 그래서 내가 금식과 기도로 헌신한 일들에 인도를 받고 극적으로 확증 받을 수 있었다. 나와 이 형제는 서로에 대해 깊은 애정을 갖고 있다. 우리는 성령 안에서 많은 싸움을 함께 싸웠다.

내가 프랭크 바틀맨의 겉옷을 주시라고 분투하고 있던 바로 그 밤, 크리스는 꿈을 꾸었다. 이 이야기를 읽어보면 내가 왜 크리스의 예언적 꿈을 진지하게 고려하게 되었는지 이해할 수 있을 것 같다. 그 날 저녁 내가 무엇을 기도하고 있었는지 전혀 몰랐던 그는 다음날 아침 내 차고로 와서 이렇게 말했다. "루, 지난 밤에 꿈을 꿨어. 커다랗고 까만 책을 봤는데, 앞 표지에 흰 글씨로 〈부흥〉이라는 제목이 써 있더라. 안을 펼쳐보니 한 사람의 얼굴이 있었어. 그 사람 이름은 프랭크 바틀맨이었지. 그 얼굴을 보는데, 갑자기 그림이 네 얼굴로 바뀌더라, 루! 그 꿈에서 나는 책을 덮으며 이렇게 말했어. '루한테 반드시 이 책을 전해 줘야겠다!'"

이 이야기를 믿을 수 없다면, 더 놀랄 준비를 하라. 그 때까지 **크리스는 프랭크 바틀맨이 누군지도 몰랐다**! 두말할 나위 없이 나는 경악했다. 크리스의 말은 내 영혼을 불타오르게 했다. 사실, 큰 용기를 내어 말하자면, 나는 모세가 불타는 떨기나무를 받은 것처럼 내겐 불타는 **책**이 주어졌다는 계시로 인식했다. 그 책 제목이 **부흥**이었던 것이다! 나는 이 꿈이 요셉과 같은 유형의 메시지였다고 지금도 믿는다. 하나님께서는 그 꿈을 통해 당신께서 내 부르짖음을 들으셨을 뿐 아니라 패서디나와 온 LA에 곧 임할 위대한 부흥에 나를 속하게 해주실 것이라고 은혜로 확증해 주신 것이었다. 사실 나의 담임 목회자이자 사랑하는 친구인 체 안과 함께 우리는 90년대에 패서디나에 임한 위대한 성령의 부으심을 위해 애쓰고 그 역사를 인도했다. 그것은 우리가 그 꿈을 믿었기 때문이었다. 나는 지금도 하나님께서 예비하신 그 부흥이 전국에 산불처럼 번져 추수로 이어지게 될 것을 믿는다!

그리고 그 이야기는, 그 자체로도 대단하지만, 거기서 그치지 않는다. 몇 주 후 나는 도로시 에반스라는 귀중한 흑인 중보자를 만나게 된다. 다른 여러 여인들과 함께 도로시는 7일 밤낮을 금식 기도하며 자신의 교회에서 침낭으로 취침하고 있었다. 이 여인들은 패서디나에 부흥을 주시라고 집요하게 하나님께 애원하고 있었다.(오순절 문화에서는 이러한 행사를 "셧인"이라고 부른다.)

도로시는 나나 내가 꾼 바틀맨 꿈에 대해 전혀 몰랐는데, 내가 설교를 맡지 않은 한 집회에서 내게 다가와서 이렇게 말했다. "1906년, 프랭크 바틀맨과 함께 부흥을 위해 기도하던 흑인 여성이 있었어요. 저는 제가 그 사람인 것 같고 저의 짝이 될 프랭크 바틀맨을 찾고 있는 기분이에요!"

와! 다시 한번 나는 하나님께서 역사하시는 기이한 방법과 내 심령의 갈망을 돌보시는 오묘함과 자비에 놀랐다.

어떤 면에서 나는 프랭크 바틀맨의 겉옷이 1986년의 그 밤에 내게 던져졌다고 믿는다. 그러나 그것이 단지 나를 위한 것이었다고는 생각하지 않는다! 부흥과 기도를 위한 그 겉옷은 온 세대를 위한 것이다. 우리가 열정과 끈기로 오롯이 그의 발자취를 따라가고자 한다면 말이다. 내가 내 몫을 어떻게 해 왔는지 모르지만, 한 가지는 분명히 안다. 지난 30년간 다른 일은 제쳐두더라도 나는 분명히 부흥을 위해 주님을 끊임없이 구했으며 그 부담을 기도로 짊어졌다. 그에 대한 열심이 내 가슴 속에 꾸준히 확장되어 왔다. 그 꿈은 이제 더 커졌지 결코 작아지지는 않았다.

패서디나만을 위한 것이 아니다.

단지 또 하나의 큰 아주사 각성이 일어나기만을 구하는 것이 아니다.

온 **세상**이 복음을 다시 강력하게 끌어안게 되기를 바라는 것이다.

3

역사의 벼랑 끝으로 부르심 받다

동기 부여가 되지 않는 사람은 없다.
잘못된 꿈을 꾸는 자들에게 귀를 기울이는 사람들이 있을 뿐이다.

· 미상 ·

위의 이야기를 어디서 들었는지 기억하지 못하지만, 내 일기장에 휘갈겨 적혀 있었다. 여러분의 매일의 삶은 꿈에 매여 있는가? 위대하고 예언적인 비전의 압도적인 힘, 그것을 위해 살 수 있고 심지어 죽을 수 있을 만큼 커다란 것 말이다. 그리스도의 몸에 속해 일반적으로 살아가는 크리스천의 삶에 대해 이야기하는 것이 아니다. 깊은 사명감이 여러분을 인도하고 여러분에게 영감을 주는지를 묻는 것이다. 개인적으로 나는 목적없이 사는 법도 모르고, 그렇게 하기도 싫다. 우리 모두를 향한 하나님의 갈망이 풍성하고 의미 있는 삶을 사는 것이라고 믿는다. 그러나 그러한 삶은 복된 것이긴 해도, 우리를 위대함으로 부르는 지배적인 비전의 그늘 아래 사는 것과 다르다. 우리가 살아있는 것은 하나님께서 주권적으로 시간의 제약을 받지 않는, 장대한 이야기의 스토리라인 속에 우리를 주입해 주시기 때문이다. 전쟁이 우리 주변을 둘러싸고 있다! 우리는 태어난 목적을 어떻게 성취할 것인가? 어떻게 싸울 것인가? 싸워야 한다는 사실이나 알고 있었는가?

우리는 자신에게 가장 중요한 성경적 세계관에 근거하여 동의하거나 반대할 가능성이 높다. 이 때문에 패러다임은 강력하고 위험한 것이다. 패러다임은 우리를 수동성 혹은 열정으로 향하게 한다. 월터 윙크는 이를 두고 이렇게 말했다.

> 세상은, 최소한 어느 정도는, 우리가 상상하는 대로다.… 세계관을 이해하는 것은 권력들이 사람들의 마음을 통제하는 방식으로부터 벗어나는 열쇠다.… 그것이 우리가 서 있는 생각의 집의 기초다.… 그것을 사고의 체계라고 한다[11].

사고방식은 우리를 역사의 피해자로 만들 수도 있고, 역사를 만드는 존재로 만들 수도 있다. 사고의 수준에서 발생하는, 보이지 않는

---

11 — Dean Briggs 〈Consumed: Forty Days of Fasting for Renewal and Rebirth〉(Kansas City, Mo.: Champion Press, 2014), 9쪽.

전쟁은 인식하기 어렵고, 그 때문에 무엇보다도 교활하다. 우리의 적인 "이 세상의 임금(요 12:31)"은 우리를 미묘하게 통제하기 위한 다양한 이데올로기적 생각들을 가지고 영악하게 자신이 선호하는 패러다임을 비축하는 마인드 게임의 우주적 달인이다. 인형의 집의 가구처럼("우리의 사고의 집"), "순수 효과"가 너무나 실질적으로 느껴져서 그것이 얼마나 작은지에 대해 더 이상 의문을 갖지 않게 되는 것이다. 서구 세계에서 사탄의 주패(鑄牌)는 물질주의적, 인본주의적, 계몽주의적 포스트모던 사회를 낳게 되었다. 그것은 인생의 가장 표면적인 오락 활동들이 실제로 우리 인간의 목적의 전부라는 믿음 없고 냉소적인 가정을 기초로 한 것이다. 그러므로 우리의 날들은 과도한 자극을 받아 무감각에 이르기까지 허비된다. 아이러니 중 아이러니다. 탐욕스럽고 방종하며, 연예 중독적이고 SNS화된 이 시대는 불법적인 욕망들로 사람들을 채워 최고로 지루하고 지루해진 사람들을 생산해 냈다.

 이 때문에 금식이 그 어느 때보다 지금에 중요한 의미를 갖는 것이다. 우리의 날들이 과도함으로 표시될 때, 우리는 굶주림이라는 순전한 열정을 잃게 된다. 탁월한 40일 금식 묵상집 〈소멸되다〉에서 브릭스 목사는 이렇게 말한다. "충만은 둔감이다. 굶주림은 **열정**이다[12]." 맞는 말이다! C.S.루이스의 유명한 말 가운데 우리의 갈망이 너무나 강렬한 것이 아니라 너무나 연약하다는 표현이 있다[13]. 금식은 우리를 영적 핵심으로 다시 연결시켜줄 태고적 힘이다. 하나님을 향한 갈망이라는 측면에서만이 아니라 깊은 내면의 교제를 통해서도 그렇다. 그것을 통해 우리는 주님의 속삭이시는 음성을 듣는다. **우리는 이보다 더 좋은 것을 위해 창조되었다.**

여기에 수반된 전쟁이 보이는가? "정상적인 삶" 즉 직업, 승진, 스케줄, 취미, 우선순위와 **그것들을 둘러싸고 생겨난 모든 사고의 패턴들이** 우리의 가장 위대한 자산인 소명을 대적하여 공모하는데 어찌 이것이 전쟁이 아니라고 할 수 있겠는가? 이러한 면에서 사회 전체는 고사하고 개인들이 어떻게 스스로 둔감과 수동성의 통제적 영향력으로부터 탈출할 수 있겠는가?

내가 직접 겪은 일들만 갖고 말하겠다. 무엇보다 금식의 은혜를 통해서 나는 흔하고 세속적인 것들로부터 야생의 부르심으로 들어가는 자유라는 해방 여행을 깊이 이해하게 됐다. 금식이 내게 그 여행을 위한 날개를 주었다. 여러분은 날개 달린 삶을 맞을 준비가 되었는가?

우리는 이보다 더 좋은 것을 위해 창조되었다. 데릭 프린스, 빌 브라이트, 프랭클린 홀과 같은 선구자들로부터 금식의 메시지를 상속한 나는 내 자신의 삶과 사역이 영원하고 영광스러운 스토리 라인에 속하게 되었다고 믿는다. 내가 소망하기는 여러분도 그 스토리에 함

---

12 — C. S. Lewis 〈The Weight of Glory, and Other Addresses〉 (New York: Touchstone, 1996), 1-2쪽.

13 — 대상 9:33; 16:37; 23:5; 25:7; 대하 8:12-14; 31:4-6, 16; 34:9, 12; 느 10:37-39; 11:22-23; 12:44-47; 13:5-12 참조.

께 하게 되는 것이다. 역사는 어리석은 자들, 자본가, 정치가들의 학계와 권력계에서 형성될 수도 있지만, 하늘의 전당에서 역사는 **중보자**들에 의해 만들어진다.

이것은 인류에게 전해진 가장 장려한 초대장이다. 역사를 빛는 일인 것이다. 문이 축으로 삼고 돌아가는 경첩처럼 말이다. 역사적 변화의 시대에는 하나님의 백성들이 때가 찬 경륜(엡 1:10)에 참예하기 위해 장기 금식으로 향하게 된다. 기도 및 회개와 결합될 때 반란이 일어난다. 신성한 응답이 개시된다. 성경은 하나님께서 개시하신 이 세대적 반란을 집합하는 군대의 생생한 언어로 더빙해준다. "여명의 군대"라고.

여명의 군대

선지자가 아니라도 우리 시대가 얼마나 암흑 같은지를 알아보기는 어렵지 않다. 법적으로 제재된 홀로코스트인 낙태로부터 문자 그대로 적들을 참수하고 있는 전투 이슬람 테러리스트들의 발흥, 늘어나는 자연적-생태적 재앙들의 위협에 미국의 심장부를 가로질러 터져 나오는 인종적 상처들과 상존해 온 파멸적 경제 붕괴의 공포까지, 현 시대는 끊임없는 두려움의 시대다. 많은 이들이 우리가 역사의 자정에 가까운 시각을 살아가고 있다고 느낀다. 이사야는 "어둠이 땅을 덮을 것이며 캄캄함이 만민을 가리(사 60:2)"는 때를 예언한다. 민족들은 두려움에 떨고 있다. 어떤 이들은 못본 체할 것이고, 어떤 이들은 그냥 스스로를 운명에 맡겨 버릴 것이다. 그러나 옛말이 결코 틀리지 않다. 동이 트기 전에 어둠이 가장 짙은 것이다!

우리가 두려워할지 몰라도 하나님께서는 결코 두려워하실 리가 없다. 마치 주님의 비장의 무기와 같은, 어둠의 총체적 병폐에 대한 신성한 해법은 밝은 빛의 군대다.

> 곧 어둡고 캄캄한 날이요 짙은 구름이 덮인 날이라.… 이와 같은 것이 옛날에도 없었고 이후에도 대대에 없으리로다. 여호와께서 그의 군대 앞에서 소리를 지르시고 그의 진영은 심히 크고 그의 명령을 행하는 자는 강하니…
> ― 요엘 2:2, 11

> 여호와께서 시온에서부터 주의 권능의 규를 내보내시리니 주는 원수들 중에서 다스리소서. 주의 권능의 날에 주의 백성이 거룩한 옷을 입고 즐거이 헌신하니 새벽 이슬 같은 주의 청년들이 주께 나오는도다.
> ― 시편 110:2-3

이 그림을 면밀히 살펴보라. 어떤 장면인가? 동 트기 전의 어두운 시간에 이슬이 맺히기 시작하는 것이다. 전날 밤에 말랐던 땅들이 이제 보이는 한 모두 반짝이고 있다. 정말 이것은 대적에겐 최악의 악몽이라고 할 것이다. 아무 생각 없이 자러 갔다가 아침에 눈을 떠보니 **난데없이 나타난 군대에** 둘러싸여 있는 것이다! 텅 빈 들판이었던 곳이 이제는 햇살에 반짝이는 무기와 갑옷으로 무장한 군인들로 가득하다. 말 그대로 하룻밤 만에, 일대의 시간 계획 가운데, 전적으로 헌신된 젊은이들의 군대가 이렇게 현존하는 어둠을 뚫고 나타난 것이라고 나는 믿는다. 그들은 지금도 일어나고 있다. 이 광대한 젊은이들의 군대는 동원되어 성숙의 과정을 걷고 있다. 그들은 분노하거나 증오하지 않는다. 무릎을 꿇고 섬기고, 통곡하며 기도한다.

이 세대를 향해 전례가 없는 공격이 이어지고 있는 가운데, 하나님께서는 무모하게 버려진 젊은이들의 군대를 일으키고 계신다. 이들은 주님께 전적으로 헌신된 자들이다. 이 새로운 종자들은 많이 사랑한다는 것이 어떤 의미인지를 안다. 용서도 많이 받았기 때문이다. 그 중 많은 이들에게서 심오한 영적 성숙이 보인다. 많은 경우 그것은 고난을 통해 탄생된 것이다. 원수가 그들의 파멸을 위해 의도한 저주는 은혜 덕분에 축복으로 변화되었다. 현재는 역사상 어느 때보다 18세 이하의 사람들이 많이 살아있다. 그리고 그들 가운데에는 열정의 심령을 가지고 오로지 예수께 드려진, 강력한 남은 자들이 있다. 주님께서는 "주의 권능의 날에 즐거이 헌신하는" 자들을 향한 숨막히는 목적이 있다. 그들을 귀히 여기고 보살피고, 멘토가 되어 주라. 그들은 챔피언이 될 사람들이다. 가장 끔찍한 이 밤에, 이제 여명이 밝아오려 한다!

말라기의 순간

성경에는 마지막 때에 새벽의 제사장 같은 군대가 등장할 것에 대한 증거들이 처처에 가득하다. 말라기 선지자는 이 땅을 잠식해 오는 어둠에 맞서기 위해 하늘이 동원할, 세계적인 예배와 기도 운동의 맛보기를 보았다. 주님의 대회의실을 들여다본 말라기는 하나님께서 메시아의 재림 직전 상황을 묘사해주시는 바를 듣는다.

> 만군의 여호와가 이르노라. "해 뜨는 곳에서부터 해 지는 곳까지의 이방 민족 중에서 내 이름이 크게 될 것이라 **각처에서 내 이름을 위하여 분향하며** 깨끗한 제물을 드리리니 이는 내 이름이 이방 민족 중에서 크게 될 것임이니라."
>
> — 말라기 1:11

향은 단순한 연기가 아니다. 요한계시록에서는 기도를 상징한다. "향이 가득한 금 대접을 가졌으니 이 향은 성도의 기도들이라(계 5:8)." 전후 문맥을 전체적으로 보면, 예배와 기도가 하나님의 보좌 앞에서 합쳐지는 것을 말라기의 예언이 보여주고 있다. 부락과 마을, 도시들, 직장과 가정, 산과 해안, 사막, 그리고 황혼에서 새벽까지. 모든 시간과 공간 가운데! 메시아의 재림 이전에는 "분향"하게 될 것이다. 아모스서를 보면, "다윗의 무너진 장막(암 9:11)"을 일으키실 것이라고 한다. 성령께서 이방인들을 구원의 언약에 포함시키심으로 이 예언이 부분적으로 성취되기는 했으나(행 15:16 참조), 다윗의 장막은 중단 없는 기도와 예배라는 표현이 없이는 충만히 세워질 수 없다. 이것 역시 다윗의 장막에 있어 근본적이었기 때문이다[14].

특별히 다윗의 장막의 패턴에 주목해야 할 필요가 있다. 바깥 뜰로부터 피의 속죄를 위한 제단을 지나 내부로 가보면, 하나님의 임재 안에서 완전히 하나가 되는 문지방에서 무엇을 볼 수 있을까? 지성소의 휘장 앞에 있는 가장 마지막 기구는 무엇일까? 그것은 **분향단**이다. 엄청나게 풍성한 향이 준비되어야만 대제사장이 들어갈 수 있었다.

이는 유형 분류이기도 하면서 연대기이기도 하다. 우리는 분향단의 때에 살고 있다! 말라기와 아모스, 이사야[15] 등 선지자들의 예언은 그냥 추상적인 문맥 가운데 나온 것이 아니라, 모든 곳에서 분향이 이뤄질 때에 대한 약속이다. 그러니까 본질상 온 땅이 지성소로 변하는 것이다. "이는 물이 바다를 덮음 같이 여호와의 영광을 인정하는 것이 세상에 가득함이니라(합 2:14)."

여러 차례 반복적으로 하나님께서 전례 없는 전세계적 예배와 기

---

14 — 이사야 24:14 – 16, 42:10 – 12, 62:6 – 7 참조.

15 — 어떠한 영토나 국가의 통치도 통치자 예수의 명령 밖에 있지 않다. 세계적 기도의 집은 이를 이루는 데에 열쇠가 된다. 〈다윗의 장막의 영〉에서 마이크 비클은 "이 땅에서 세 집이 지금 세대를 통치하기 위해 다투고 있다"고 기록했다.(1) 급진 이슬람-폭력적이거나 문화적인 지하드를 통해서(2) 투사적 세속 인본주의- 문화적 내지 교육적 제도를 통해 자신들의 사고 체계를 사회 구성원들에게 강요하고자 함(3) 주님의 집-헌신과 담대함의 영을 나타냄. 그 백성들은 타협을 거부하고 예수의 가치가 확대되며 그 분의 왕국이 확장되는 것을 보고자 한다.(Mike Bickle 〈The Spirit of the Tabernacle of David〉 Mike Bickle's Online Teaching Library, 2013년 6월 4일, http://mikebickle.org/resources/resource/3471.)

16 — John R. Mott 〈The Evangelization of the World in This Generation〉(New York: Student Volunteer Movement for Foreign Missions, 1900), 187 – 198쪽.

도의 운동을 보여주시는 모습을 볼 수 있다. 그뿐만 아니라 이 예언들 가운데 내포된 내용은 하나님께서 지상 대명령을 성취하시겠다고 스스로 맹세하시는 것이다. 예수 이름이 땅의 모든 족속 가운데 높아지리라는 것이다[16]. 우리가 예배 운동이라고 부르는 것은 근시안적이다. 밤낮 그치지 않는 기도로 우리는 사실 주님께서 이 땅에 다시 개선 입성하실 때를 위한 환영 파티를 준비하고 있는 것이다.

부흥-revival이 그 분의 오심 arrival보다 앞선다.

기도가 부흥보다 앞선다.

우리는 이 문지방까지 나아가야 한다.

전세계적 기도 운동

강력한 기도의 부활이 지난 한 세기 동안 이뤄져, 역사상 어느 때보다 더 폭넓고 더 "민주적"인 규모(전세계 대중들 가운데)의 더 많은 강의와 훈련, 연습으로 이어졌다. 앤드류 머레이, E.M.바운즈, D.L.무디, R.A.토레이 등 고전적 복음주의 저자들은 다가올 시대를 위한 든든한 기초를 놓는 데에 일조했다. 아주사 부흥, 늦은 비 운동, 은사주의의 부활과 같은 오순절적 표현이 그 혼합체에 더해지고, 빌 브라이트(CCC), 딕 이스트먼(모든 가정을 그리스도께), 셜리 답슨(미국 기도의 날) 등의 사람들을 통해 더 현대적인 복음주의 동원이 이뤄졌다. 브루스 윌킨슨(야베스의 기도), 리차드 포스터(영적 훈련과 성장)와 같은 이들을 통해 우리는 기도하는 법에 대한 훈육을 받았다. 이 리더들의 집합적 성과는 그 가치가 무한한 것으로 증명되었다.

또한 더치 쉬츠, 제임스 골, 빌리 브림 박사, 신디 제이쿱스, 피터 와그너 등 깊이 헌신된 중보자들에 의해 중대한 계시들이 더해졌다. 그리고 가톨릭 수도원이나 정교회 전통에서 나타나는 것과 같은 고대 교회의 표현들은 많이 저평가되고 있긴 하지만, 결코 멈춘 적이 없음을 잊지 말자!

이 기도 운동은 미국의 국경 내에서 멈추지 않는다. 친구들이여, 기도는 **도처에서** 일어나고 있다! 한국의 유명한 "기도원" 전략은 중국 지하 교회의 폭발적 성장과 더불어 최근의 기세를 완전히 새로운 수준의 기도로 끌고 갔다. 한편, 프랑스 테제의 로제 슈츠 수사 공동체는 전세계에서 10만 명 이상의 젊은이들을 끌어모아 기도와 공동체 생활, 공동 노동의 삶을 체험하도록 하고 있다. 수많은 가정 기도 모임이 1970년대에 은사주의 운동의 부활로 탄생되고 유지되었다. 킴 캐서린 마리 콜린 수녀의 떨기나무 운동은 전세계 수억의 갱신된 로마 가톨릭 교인들 가운데 계속해서 24시간 기도를 동원하고 있다. 루이스 부쉬는 100만 명이 10/40창 기도 포커스에 동참하도록 동원했다. 이 목록이 전부는 아니지만, 얼마나 다양한 기여 인자들이 있는지를 보여준다.

그러나 이처럼 굉장히 풍성한 기도가 지난 50-60년간 이어져 왔음에도, 어쩌면 체계적이고 통합적인 기도 활동이 정말로 폭발하여, 교회가 "정상적 기독교"에 대한 완전히 새로운 표현을 사출하도록 한 것은 지난 15년 정도였을 것이다. 그 주된 차이점은 **그치지 않는** 중보다.

이 기도 군대의 작지만 충분히 의미 있는 진동이 시작된 것은 새천년이 밝아오던 시점이었다. 1999년, 일련의 사건들이 신성한 시간표와 맞아떨어져 일어나는 것처럼 보였다. 이 위대한 기도의 단계적 확대를 시작한 리더들은 세계 전역에 흩어져 있었다. 그들은 서로를 몰랐고, 서로의 힘을 한데 모을 수도 없었다. 하지만 그 부족했던 처음의 노력이 있은 후, 세계를 아우르는 "열방을 위한 기도의 집(사 56:7)"은 역사상 처음으로 실현 가능한 것이 되었다. 그 전개 과정을 살펴보자.

24시간 기도 운동 1999년, 초기 모라비아 교도들에게 영감을 받은 피트 그레이그는 하나님의 생기를 계속 받아 24시간 기도의 풀무불을 붙였다(24-7prayer.com). 80개국으로부터 약 100개의 그룹이 그치지 않는 기도에 대한 소명을 받아들였다. 그레이그의 책 〈환상, 서약 그리고 떠오르는 붉은 달〉에 영감을 얻은 이들이었다.

국제 기도의 집 1999년, 80년대 중반부터 스며들기 시작한 눈에 띄게 예언적인 스토리라인에 힘을 얻은 작은 무리의 선구적 중보자, 예배자, 싱어들이 캔자스 시티의 작은 트레일러 안에 모였다. 마이크 비클의 인도 하에 그들은 첫 24시간 국제 기도의 집을 발진시켰다(ihopkc.org). 눈, 비, 진눈깨비, 햇빛 등 날씨와 상관 없이, 그리고 휴일이든 절기든, 정전이 되든, 이 기도의 집은 멈추지 않았다. 어둠 속에서라도 싱어들은 노래하고 기도자들은 기도한 것이다. 그뿐만 아니라 마이크 비클의 강의에 대한 방대한 은사, 주목할만한 성경적 통찰, 기도라는 임무에 대한 개인적 신의를 통해 그는 이제 열방을 훈

런시키고 있는 기도를 위한 언어를 탄생시켰다. 수십만의 중보자들이 캔자스 시티 IHOP을 통해 훈련을 받고 무장되어, 지구 전역에 수천 개의 독립 기도의 집을 낳았으며 지금도 매일처럼 더 많은 기도의 집들이 등장하고 있다. 어떤 이들은 중국 지하 교회에만도 만 개의 기도의 집이 있을 것으로 추산한다!

더콜 나도 이 이야기에 한 몫을 할 수 있음이 감사한데, 1999년 더콜의 비전이 탄생되었다(TheCall.com). 당시 나는 이렇게 적어놓았다. "성결케 된 자들은 주님 앞에 나타나도록 이 시간에 소환되고 있다. 나팔 소리가 들려온다. 위대한 군대(여명의 군대)를 부르시는 것이다! 미국 역사상 가장 어둠이 짙은 때에, 젊은이들이 모여 금식하고 기도하며, 새 날을 맞게 될 것이다." 첫 번째 성회를 가진 이래, 더콜은 미국과 해외에서 유사한 개더링을 주최하며 수만 명을 소집하여 한 번에 12시간의 금식과 기도를 함께 했다. 이러한 "군대 소집"으로부터 약 백만 명의 젊은이들이 기도의 생활 방식을 시작하게 되었으며, '주님께 성결'이라는 표를 붙이게 됐다.

세계 기도의 날 불과 1년 후인 2000년, 남아프리카 공화국의 사업가 그레이엄 파워의 심령을 붙든 것은 기도에 대한 유사한 비전이었다. 그의 리더십 하에 세계 기도의 날(Globaldayofprayer.com)이 2001년에 발족되었다. 2009년 5월까지, 세계 각국의 신자들은 1년에 하루 주님께 분향하기 위해 동참해왔다. 그 이후로 이 기도 운동은 세계 기도의 날에 이르는 열흘 동안으로 연장되었고, 또 그 날 이후의 90일간의 축복으로 이어졌다. 강력한 연합과 기도의 역사다.

그냥 무작위로 일어난 일들이었을까? 아니다. 이것이 일어난 일들의 전부일까? 아니다. 하지만 나는 이 놀라운, 동시다발적 기도의 폭발이 수백만의 신자들이 각성을 위해 금식하며 하늘에 부르짖은 것에 대한 직접적 응답이라고 믿는다. 그리고 브라이트 박사가 그 포문을 열었다고 본다! 물론 그것이 부흥은 아니었지만, 이것도 하나님의 섭리다. 작은 부흥들이 지금까지 십여 차례 왔다가 갔다. 필요한 것은 유지되었다. 그치지 않는 기도의 합창이 다가올 전세계적 추수를 위한 기초로 깔렸다. 각성된 기도 후에 추수가 따라올 것이다. 역사는 이것을 증명해준다. 그러니 (마지막 때에 임할) 역사상 가장 큰 추수에는 역사상 가장 큰 기도 운동이 요구될 것임을 유추해볼 수 있다. 체스의 고수이신 하나님께서는 찬찬히 판 위에 말을 움직이고 계신다. 지금껏 거대한 금식과 기도 운동이 항상 성령의 다음 전략이 나타나도록 촉발시켰다. 해외 선교 학생 자원 운동의 위대한 리더 존 모트는 이런 말을 남겼다.

> 두세 사람의 연합 기도에 힘이 더해진다면, 수십만 명의 성도들이 꾸준히 매일처럼 마음을 합하여 주님의 왕국의 확장을 위해 중보할 때 얼마나 강력한 승리가 임할까?

위 운동이나 조직들 가운데 동일한 단체적 모델, 강조점, 혹은 기도의 형태를 가진 곳은 하나도 없다. 그러나 모두가 기도다! 이후 다른 많은 운동들도 탄생되었으며, 크고 작은 여러 사역체들이 기도와 예배, 전도, 제자훈련으로 이 땅을 채우고 있다. 이 책을 쓰고 있는 지금 나는 놀라운 용기를 얻고 있다! 친구들이여, 이 땅의 민족들이 예언을 성취해가고 있다. 매 세대에 기도가 있긴 했지만, 이와 같이 향이 온 땅을 지속적으로 채운 적은 없기에 다윗, 아모스, 말라기, 이사야 등 구름과 같이 허다한 증인들이 분명 주목하고 있을 것이다.

가장 감사한 것은, 그것이 점점 더 많아져 가고 있다는 사실이다.

| 4 |

여명의 군대를 소집하라

알려지지 않고 경시되어 온 먼지 덮인 상황 가운데서 영웅들이 나타날 것이다.
그들의 이름은 하늘의 영원한 명성의 책에 새겨질 것이다.

· 프랭크 바틀맨 ·

어둠은 강한가? 물론 그렇다. 그러나 질문 자체가 완전히 틀렸다! 오히려 주님의 오심이 얼마나 강하고 밝은지를 물어야 한다.

여명의 군대가 그 해답이다. 오직 새벽만이 밤을 밀어낼 수 있기 때문이다. 그보다 더 좋은 것은, 성경이 이렇게 약속하기 때문이다. "의인의 길은 돋는 햇살 같아서 **크게 빛나 한낮의 광명에 이르거니와**(잠 4:18)." 시간의 마지막에, 빛은 정오처럼 승리할 것이다. 어둠이 더 짙어질 것이나 승리하진 못할 것이다.

수년 전, 내 사랑하는 예언자 친구 하나가 갑자기 전화를 해 왔다. 그는 다른 주에 살고 있어서 내가 어떻게 지내고 있는지 전혀 몰랐다. 그런데 주님께서 내 부르심에 대한 아주 거룩하고 심각한 꿈을 주셨다는 이유로 전화한 것이었다. 꿈에서 그는 내가 무릎을 꿇고서 하나님의 영광과 같은 구름에 덮여 있는 모습을 보았다. 또 울려 퍼지는 음성을 들었고, 하나님의 임재가 밤의 환상을 가득 채웠다고 했다. 그는 그것이 주님이셨는지, 아니면 주님의 천사였는지 몰랐지만 이 신성한 존재가 내게 시편 50:1-15을 읽어주었다고 한다. 그 환상에서 나는 눈물을 흘리고 있었고, 경외심과 순종의 표현으로 손을 들었다고 한다.

친구는 이 시편 구절을 한 번도 암송한 적이 없었지만, 능하신 하나님께서 이스라엘 민족을 심판하러 오시는 것에 대한 묘사를 한 구절 한 구절 분명히 들었다. 시편 50편의 배경은 하늘의 대법원으로, 전능하신 우주의 주재께서 땅과 하늘을 불러 당신의 공의로운 심판의 증인 삼으시는 모습이다. 이 때 심판자의 맹렬한 조사를 받는 이스라엘 민족은 자비로운 판결에 대한 유일한 해결책을 받는다.

> 전능하신 이 여호와 하나님께서 말씀하사 **"해 돋는 데 [여명!]서부터** 지는 데까지 세상을 부르셨도다.… 이르시되 **나의 성도들을 내 앞에 모으라. 그들은 제사로 나와 언약한 이들이니라**" 하시도다.… "환난 날에 나를 부르라. 내가 너를 건지리니 네가 나를 영화롭게 하리로다."
> — 시편 50:1, 5, 15

이 중대한 소집에 대한 대답은 환난 날에 그 분을 부르는, 주님 앞에 성결케 된 자들의 모임 가운데서 나타난다.

개인적으로 받아들이다

브라이트 박사가 미국에 금식을 촉구했을 때, 나는 그것을 개인적으로 받아들였다. 1996년부터 1999년까지 나는 그 부르심에 응했다. 그리고 주님께서는 초자연적으로 내가 공동 금식과 기도로 수만 명의 젊은이들을 워싱턴 DC로 부르도록 길을 놓아주셨다. 나는 그것이 브라이트 박사가 받은 소명의 확장이라고 여겼다. 우리 이름이 더 콜인 것도, 젊은이들의 군대가 동원된 것도 우연이 아니다.

또한 브라이트의 책보다 50년 앞서 하나님께서 프랭클린 홀의 〈원자력적인 하나님의 능력〉을 사용하신 것 역시 우연이 아니었다. 이 나라 전역에 갱신의 파도를 불러오기 위해 또 하나의 분수령과 같은 계시가 임했다.

홀의 책이 나오기 전에 복음주의 개신 교회 가운데 장기 금식은 꽤나 드문 것이었다. 그 책이 나오면서 수천 명이 장기 금식에 헌신하기 시작했다. 빌리 그레이엄을 포함하여 20세기의 가장 위대한 사역들 중 다수가 브라이트 박사가 시작한 금식을 토대로 탄생했다.

우연일까? 나는 그렇게 보지 않는다. 결코 다른 방식으로는 있을 수 없는 일이었던 것이었다. 월터 윙크는 이렇게 말했다. "문화적 기독교의 해이한 타락은 영적 선수들을 길러낼 수가 없다[17]."

1945-1948년 금식에 대해 하나님께서는 치유의 부흥, 전세계적

---

17 — Wink 〈Powers That Be〉 180쪽.

성령 강림, 그리고 수십년간 복음주의 사역에 가장 효과적이었던 것들로 응답하셨다. 아주 중대한 현대 국가 이스라엘의 탄생도 1948년이었다. 하나님께서는 브라이트의 금식에 세계적 기도 운동으로 응답하셨고, 그것은 인류 역사상 가장 큰 부흥을 위한 길을 닦고 있다. 이 사건들의 범위는 잠재적이나마 종말적이다. 1948년과 2018년의 간격은 70년이다. 즉 성경에서 말씀하는 한 세대다. 기도 운동이 세워진 것이, 부분적이나마, 이 시대 자연적 이스라엘을 위한 방패 역할을 위한 것이라고 할 수 있을까? 11장 "때를 이해하라"에서 아모스의 예언에 특별히 집중하여 이에 대해 더 깊이 탐구해볼 것이다. 〈원자력적인 하나님의 능력〉과 브라이트의 〈다가올 부흥〉에 이은 사건들이 내게 앞날에 대한 큰 희망과 막중한 책임감 둘 다를 주었다고 말하면 충분할 것이다. 우리는 성경과 현대 믿음의 조상들이 보여준 지혜를 따라 장기 금식의 부르심에 임할 것인가? 부흥의 역사에 대해 오래 연구해 온 나는 다른 방법이 없다고 장담할 수 있다. 부흥은 공식이 아니다. 그러나 위기의 때에는 규칙이 있다.

그 규칙은 조엘의 편지가 요구하는 바에서 찾을 수 있다.

조엘의 편지

두세 개의 주요 지류가 더콜이라는 강의 발원에 중대한 역할을 했다. 그 중 하나인 "록 더 네이션즈("열방을 흔들라" 집회)"는 1994년부터 1999년까지 미국 전역에서 청소년 부흥 사역을 역동적으로 했다. 나도 이 사역에 함께 하도록 초대를 받게 되었는데, 1995년의 록 더 네이션즈는 전환기에 있었다. 설립자인 러스틴 칼슨과 함께 나는 다가올 날들에 대해 하나님의 인도하심을 구하고 있었다. 이 어려운 시기 가운데 나는 내 여생을 형성하게 된 꿈을 받았다.

그 꿈에서 러스틴과 또 다른 동역자 개리 블랙은 조엘이라는 이름의 어린 아이와 함께 있었다. 조엘은 내가 그에게 중요한 편지 하나를 주리라 기대하고 있었는데, 나는 그걸 잃어버렸던 것이다! 나는 미친 듯이 조엘의 편지를 찾기 시작했다. 깨어보니 성령께서 내 마음에 이렇게 말씀하시는 것이었다. "조엘의 편지를 잃어버리지 말아라! 미국의 청소년들을 불러 금식하고 기도하게 하여라."

즉각적으로 나는 그 의미를 깨달았다. "조엘의 편지"는 요엘서와 그 책에 담긴 위임, 그러니까 사람들을 기도와 금식의 성회로 부르라는 말씀이었다. 록 더 네이션즈는 미국 청소년들을 금식과 기도로 부르는 일에 경기장들을 가득 채울 정도로 헌신되어 있었다.

동시에 프라미스 키퍼즈는 "틈새에 서라"는 이름의 성회로 백만 명을 워싱턴 DC의 내셔널 몰로 불러 기도하게 했다. 때는 1997년이었다. 장엄하고 영광스러우며, 역사적인 날이었다. 그로부터 일주일 후, 나는 애리조나 주 피닉스에서 열린 록 더 네이션즈 컨퍼런스에서 수백명의 젊은이들 앞에 서게 됐다. 그리고 〈USA 투데이〉 기사에 실린 프로미스 키퍼즈 집회의 사진 하나를 들어 보였다. 그리고 누가복음 1:17에 영감을 받아 전한 내 메시지에 임한 그 기름 부으심의 순간을 너무나 똑똑히 기억하고 있다.

아버지의 마음(프로미스 키퍼즈 소속의 남성들)이 자녀에게로 돌아서고 있지만, 자녀들의 마음이 이제 아버지에게로 돌아서야 한다. 그리고 워싱턴 DC의 내셔널 몰에서는 거기에 맞는 청소년 집회가 열린다. 세례 요한, 나실인들의 금식과 기도를 하는 세대가 될 것이다. 그리고 이 아이들이 내셔널 몰로 갈 때, 그것은 미국이 다시 하나님께 돌아간다는 표징이 될 것이다.

이 행사와 다가올 세례 요한의 세대에 대해 내가 예언하자, 하나님께서 우리에게 놀라운 방식으로 성령 세례를 주셨고 아이들은 통곡하며 나아갔다. 그들은 나실인의 환상으로 인치심을 받고 있었다. 주님께서는 또 순식간에 그 비전을 내 마음에 인치셨다. 그러나 여전히 크나큰 문제가 남아있었다. 나는 그렇게 어려워 보이는 집회가 실현되도록 만들 능력이나 재정이 없었다. 그러나 그것은 불타오르는 장래를 향한 비전으로 내 영혼 가운데 남아있었다. 미국의 청소년들을 각성시키기 위한 열정이 나를 불살랐다. 시간은 흘러갔다. 여전히 나는 금식하고 기도하는 젊은이들이 경기장들에 가득 차기를 꿈꾸며 신음하고 있었다.

천천히 일어난 일이었다. 이후 몇년간, 록 더 네이션즈는 "기도폭풍"이라는 이름의 집회로 연간 3차례씩 젊은이들을 모아, 3일 동안 금식하며 기도하게 했다. 매번 우리는 하나님께 금식하며 기도하는 젊은이들로 경기장을 채워달라고 부르짖었다. 그것은 꿈이 아니었다. 그 꿈의 소망이었다.

나는 다른 방법을 알지 못했다. 그저 그 꿈대로 기도했다.

그러던 1999년 1월의 어느 날, 나는 주님께 이렇게 간청하고 있었다. "미국을 다시 하나님께로 돌려드리는 데에 제가 무슨 일을 할 수 있을까요?" 마치 내 안의 모든 것이 믿음으로 하늘까지 나아가 대답을 구하는 것 같았다. 그리고 나는 하나님께서 들으셨음을 알았다.

얼마 지나지 않아, 내가 한 번도 알지 못했고 내 비전에 대해 들어보지도 못했던 여인을 만나게 되었다. "제가 누군지 모르시겠지만, 저는 목사님이 쓰신 〈부흥의 우물을 파라〉를 읽었어요." 그녀는 말했다. "그리고 주님께서는 제가 올해 목사님의 급여를 드려야 한다고 제 심령에 말씀하셨어요. 목사님은 이 나라의 운명을 바꿔놓기 위해 미국의 청소년들과 더불어 기도로 무언가를 시작하실 것이기 때문입니다."

겸허해지고 압도당한 나는 그녀의 후한 지원을 받아들이기로 결정하기 전에 나의 담임 목회자인 체 안에게 조언을 구했다. 이것은 하나님께서 당신의 날을 이루시고 미국에 새로운 여명이 밝아 오리라는 새로운 확신으로 나를 인도할 것이었다. 3개월 후, 그녀는 다시 나를 찾아왔고 뼛속까지 흔들어 놓은 질문을 했다. "프로미스 키퍼즈가 남성들을 모은 것같이 미국의 청소년들을 워싱턴 DC의 내셔널 몰에 모을 생각을 혹시 해보셨나요?"

나는 깜짝 놀랐다. 그녀는 대체 어떻게 내 비전을 알았을까? 알 수 없었다! 나는 신이 나서 대답했다. "1년 반 전에 제가 바로 그 내용을 예언했습니다."

그녀의 대답 역시 내 숨을 멎게 만들 지경이었다. "그 일을 시작할 수 있도록 10만 달러를 드릴게요."

　이것은 내게 연속적으로 일어난 초자연적 사건들의 시작이었다. 체 안의 능숙한 리더십 하에 우리는 첫 번째 더콜 집회를 워싱턴 DC에서 시작할 수 있었을 뿐 아니라, 젊은이들을 중심으로 한 엄숙한 성회를 통해 금식과 기도에 헌신할 수 있었다. 열두 시간 금식을 위해 모여든 젊은이들이 주축이 된 약 40만 명 앞에 선 나는 그 위대한 강사들 뒤에 숨어서 울었다. 브라이트의 40일 금식이 내 인생에 있어 역사의 빗장을 푸는 역할을 했지만, 그것을 통해 오직 하나님께서만 해주실 수 있는 훨씬 더 큰 이야기 속으로 나를 초청하셨다는 것을 깨닫고 겸허해졌다. 수많은 사람들의 얼굴이 바다처럼 펼쳐진 광경을 바라보며 나는 이 젊은이들이 내가 예언했던 바로 그 나실인들임을 깨달았다. 이 거대한 군중들은 모든 음식을 끊고 찌는 듯한 태양 아래 열두 시간 연속으로 하나님께 부르짖기 위해 온 나라에서 나아온 것이었다. 그날 늦은 시간에는 비가 쏟아졌지만 아무도 그 자리에서 꼼짝하지 않았다.

　작게 보면 나는 여명의 군대가 시작되는 모습을 본 것이었다. 내 육안으로 말이다. 2000년 9월 2일, 새천년이 밝아온 그 때에 나는 오전 5시 30분에 가족들과 함께 거대한 워싱턴 DC 몰에 들어갔다. 어둠을 뚫고 떠오르는 태양의 가냘픈 빛 가운데 그 곳에는 이미 밤부터 모여 이슬처럼 반짝이며 제사장이요 왕이신 예수를 경배하는 수만의 젊은이들과 어른들이 있었다.

　이들은 다름 아닌 1997년 록 더 네이션즈에서 내가 예언했던 충만한 계시에 대한 선구적 동반자들이었다. (사실 우리는 그 행사를 "여명"이라고 부르고자 했다!) 이렇게 그 때를 회상하여 글을 쓰고 있는 지금도 충만함이 다가오고 있음을 뼈저리게 느낀다. 하나님께서는 우리의 영혼을 막다른 골목과 같은 비전에 가두지 않으신다. 의심하지 말라. 새벽과 함께 나타난 이 군대를 소집한 것은 단순히 우리의 휘청거리는 금식도, 예언적 소망에 영감을 얻은 순간들도 아니었다. 오히려 하나님의 심령과 빌 브라이트가 소환한 2백만의 금식하는 신자들이 우르릉거리며 내는 메아리 소리였다.

이제, 다시 한번 나는 같은 소리를 듣고 있다. 하지만 이번에는 우리가 20년의 금식 운동, 기도 운동과 선교 운동, 그리고 두 세대를 넘도록 뻗어있는 성결로의 부르심 위에 세워가는 것이다. 그 당시의 자녀들은 이제 자녀를 낳게 되었다. 아직 그런 일이 없다고 말하지 말라. **우리 주변 곳곳에서 일어나고 있는 일이다.** 다른 나라의 다른 운동들도 그 커다란 숫자에 힘을 더했다. 하나님의 마지막 때 전략에 대한 원형이 바로 우리 목전에 나타나고 있는 것이다. 그것은 다면적이고 포괄적일 것이지만, 거기에는 수많은 사람들로 가득 찬 경기장들도 관련될 것이다. 경배와 찬양으로 충만할 것이다. 기적과 구원으로 가득할 것이다. 부흥이 주요 도시들의 거리마다 부어질 것이다. 폭력을 잠재우고 어둠에 도전할 것이다. 자비와 희생, 사랑의 표로 드러날 것이다. 새천년의 여명 앞에 나는 원형을 보았고, 이는 내게 충만함이 머지 않았다는 소망을 준다.

이 소망을 가지고 여러분의 가족과 나라를 위해 싸울 만큼 하나님을 믿을 수 있는가? 나와 함께 말이다. 함께 우리 삶의 거미줄과 옛적 어둠의 질서들이 새로운 소망과 의미의 질서 속으로 전환되도록 믿음으로 명하자!

성령께서는 창조의 여명에 다시 한번 우리의 땅을 품고 계신다. 그리고 하나님의 명령이 발하여진다. "빛이 있으라!" 형제 자매여, 우리 모두가 하나님을 믿는다면 어떻게 될지 깨달을 수 있는가? 이 곳에 모인 우리 중 많은 이들은 이것만을 위해 살고 있다. 거대한 믿음의 기도가 밤낮으로 보좌 위로 상달되고 있다[18].

그러한 것을 믿을 수 없다면 우리가 숨을 쉬는 목적이 무엇인가? 이 세대의 십일조는 이미 주님께 드려질 제물로 준비되었다. 그들은 젊고 예수님을 위한 열정으로 불타오르고 있다. 구별되라. 열정을 가지라.

구약에서 그런 자들은 **나실인**이라는 특별한 이름을 받았다. 성별된 자들이었다.

---

18 — Frank Bartleman 〈Another Wave Rolls In〉 (Northridge, Calif.: Voice Publications, 1962), 44쪽.

| 5 |

나실인의 DNA

나실인: 구별되고 순결하며, 하나님의 영광을 묵상하고,
일반적인 것을 넘어서 나라에 대한 권세를 받은 자.

• 존 물린디 •

역사 가운데에는 막대한 변화를 위한 문이 열리는 순간들이 있다. 이렇게 열린 진공 가운데 선 혹은 악을 위한 커다란 혁명들이 일어난다. 이러한 때에 열쇠가 되는 사람들, 심지어 한 세대 전체가 역사의 빗장을 푸는 사람들이 되고자 모든 것을 건다. 문이 어느 쪽으로 열릴 것인가를 결정짓는 경첩과 같은 역할을 하는 것이다. 성경을 보면, 이렇게 열쇠가 되는 사람들 중에 나실인이 있다.

이스라엘의 역사상 가장 어두웠던 시대에, 그리고 도덕적으로 가장 타락했던 때에 하나님께서는 나실인 젊은이들, 그리고 남자와 여자들의 예언적 무리를 일으키사 배교의 흐름을 저지하게 하신다. 나실인들은 당대에 만연한 성적 부도덕과 우상 숭배에 저항하는 반문화적

세력으로 나라에 등장한다. 생활방식과 기름 부으심에 있어 이렇게 성별된 자들은 사람들을 안주하지 못하도록 흔들어 놓고, 하나님의 이름과 명성을 향한 타오르는 열정으로 종교적 현상 유지에 맞선다.

하나님께서 배도한 이스라엘을 개혁하기 시작하실 때면 반복적으로 나실인 서약이 그 역할을 한다. 하나님께서 부르신 이들에게 그 서약은 이스라엘을 심판하고, 배도한 대제사장을 비판하며 나라의 통치자들을 지명할 수 있는 권세를 주었다. 그렇게 스스로 짊어진 성결한 절제를 중심으로 살아가며, 자연적으로 아슬아슬한 감투를 쓴 이들은 흔히 광야에 갇혀 있거나, 완전히 부정한 땅에 의해 그 곳으로 이끌려 가고 새 피조물 안에서 자신들의 몫을 하기 위한 부르심을 받았다. 그러한 때에, 더 경건한 때였으면 나라의 중심에 있었을 사람들은 헝클어진 변두리의 분리된 삶, 혹은 동떨어진 곳으로의 자발적 유배를 선택했다.

하나님께서 재창조를 하실 때가 이르면, 그것은 언제든 사람들로부터 시작되었다. 이집트나 바벨론에서 와서 여전히 부정했던 이들은 그러한 사람들의 사역 하에 광야에서 모였다. 고센 땅, 시나이 광야, 그리고 황무지가 된 예루살렘은 각각 하나님의 역사를 보았다. 하나님의 사람의 감독 하에 당신의 백성이 순종을 회복하는 모습을 말이다[19].

---

19 — Robert I. Kirby 〈A Hairy Man in the Wilderness (Version 1.2)〉 The Sermon on the Mount Site, http://www.sermononthemount.org.uk/EmmausView/Chap_22_A_hairy_man_in_the_wilderness.html.

내가 전한 다른 어떤 메시지도 나실인의 부르심만큼 예언적으로, 초자연적으로 크나큰 지지를 받지 못했다. 20년간 이 메시지는 구체적으로는 더콜의 기초가 되었으며, 전반적으로는 기도와 금식 운동에 대해서 그러했다. 왜 그럴까? 왜냐하면 나실인 세대는 분명하고 생생한 새벽 군대의 현현이기 때문이다. 사실, 나는 최근에 나실인에 대한 새로운 부르심을 선포하는 꿈을 꾸었다. 이번에는 단지 젊은이들만을 위한 것이 아니라 나이 든 분들을 위한 소명이기도 했다! 그 꿈에서 한 노년의 CNN 특파원이 내게 말했다. "저는 20년 전의 불을 기억합니다!" 그러더니 이렇게 외치기 시작했다. "하나님, 다시 불을 내려 주세요! 하나님, 불을 주세요!" 하나님께서는 내게 선교와 목적에 대한 새로운 인식으로 다시 모여, 다시 성별될, 성숙한 세대를 모으고자 하심을 보여주셨다. 20년, 30년 이상 꾸준히 그 길을 걸어온 성숙한 세대를 말이다.

은혜와 하나님의 사랑으로 태어난, 나실인의 성결로 돌아가는 것만이 미국과 전세계 모든 나라가 하나님께 돌아갈 수 있는 소망이다. 그것은 세상이 본 적 없는 최고의 영적 각성과 추수를 위한 땅고르기이자 전조였으며 앞으로도 그래야만 한다. 프랭크 바틀맨은 아주사 부흥에 대한 나실인의 원형이었고, 에드워즈, 피니, 웨슬리도 그보다 앞선 역사에 대한 나실인 조상들이었다. 누가 우리 세대 나실인을 위한 길을 닦을까? 역사가 그 답을 기다리고 있다.

여러 차례 보지만, 역사는 나실인들에게 달려 있다. 나라가 불가능한 상황을 마주했을 때 나실인들은 번창하고 많아졌다. 그러한 상황 가운데 유일한 소망은 신성한 간섭뿐이었기 때문이다. 바로 그러한 시대적 극한이 그들의 성결을 극한으로 이끌었던 것이다.

현대적 상황에서 보면, 나실인은 하늘의 초청을 붙들어 개인적 헌신을 최대치로 추구하는 사람들이다. 그들의 삶은 열정으로 불타오른다. 구약의 나실인들은 머리를 길렀지만, 그것이 포인트가 아니다. 불타는 심령이 중요한 것이다! 나실인들은 사랑으로 고통한다. 어떤 이들은 문신이나 피어싱, 장발을 하고 심지어 거친 옷을 입을 수도 있다. 그들을 무시하지 말라. 그들의 반문화적 생활 방식은 사람들을 불편하게 할 수 있지만, 순결하고 단순한 방식으로 그들에겐 부차적인 문제가 없다. 그들은 전심을 다한다는 개념의 지경을 넓히고 있는 것이다. 한 영혼이 하나님께 대해 얼마나 크게 내던져질 수 있는가? 나실인이 그 길을 인도한다.

불타는 사랑의 3가지 서약

현대적 감성으로 보면, 나실인의 서약은 이상하게 보일 수 있다. 그들은 머리도 자르지 않았고 포도주도 마시지 않았으며, 어떻게든 스스로를 더럽히지 않았다. 나실인의 서약은 너무나 극단적이라 시체 곁에 간다는 것은 금지되어 있었고, 가족의 장례식에조차 참석할 수가 없었다! 성경의 가장 급진적인 사람들이라고 할 삼손, 사무엘, 세례 요한은 평생 나실인으로 살았다. 머리를 자르지 않고 포도에서 난 아무것도 취하지 않았다는 다양한 징표는 그들의 전적인 헌신을 상징하는 것이었다. 이 장발의 거친 사내들은 주님께 거룩하게 구별된

종자들이었다.

이 책의 메시지가 널리 멀리 전달되기를 나는 바라지만, 내가 촉구하고 있는 생활 방식으로서의 금식은 비주류로의 초청이다. 어떻게 그렇지 않을 수가 있겠는가? 우리가 "아메리칸 드림(물질적 번영에 대한 소망)"으로부터 눈을 뜨고 가차 없이 정직하게 말하자면, 정상적인 날들은 이미 오래 전에 지났음을 인정해야 한다. 우리가 정말 시간의 끝, 역사의 종착점에 있다면 일상적 "교회교"는 이 땅을 집어삼키는 악의 염병들을 멈추기에는 부족한 것이 거의 확실하다. 내 말을 들으라! **우리는 이 정도를 위해 존재하지 않는다.** 하나님의 **에클레시아** 즉 그리스도의 몸은 지상에 성육신하여 임재하시는 예수보다 결코 덜할 것이 없다. 그러나 그 분의 도가 우리의 도가 되기까지 우리는 그 분의 능력과 목적을 충만하게 드러낼 수 없다. 그러므로 우리가 정상을 의식화하고 안주를 우상화한 만큼, "정상적 기독교"는 그 마땅한 사도적, 태고의 유산으로 복원되어야만 한다. 사도들의 신앙은 유대인들 가운데서 변두리 운동으로서 시작됐다. 구약에서 그 변두리를 일컫는 용어가 **나실인**이었다.

포도주를 마시지 말 것이요

[나실인은] 포도주와 독주를 멀리하며 포도주로 된 초나 독주로 된 초를 마시지 말며 포도즙도 마시지 말며 생포도나 건포도도 먹지 말지니 자기 몸을 구별하는 모든 날 동안에는 포도나무 소산은 씨나 껍질이라도 먹지 말지며

— 민수기 6:3-4

유대인들은 절대로 술을 마시지 않는 이들이 아니었다. 절제만 한다면 포도주를 마시는 것은 합법적인 쾌락이었고, 기쁨과 축하의 상징이었다. 포도, 건포도, 포도주는 유대인 사회의 달콤한 일면이었다. 마치 오늘날 미국 사회의 사탕과 아이스크림처럼 말이다. 모두가 하나님께서 주신 이 흔한 기쁨을 누렸지만, 나실인들은 그럴 수 없었고 그러지도 않았다. 왜였을까? 그 답은 나실인 서약의 중심에 있다. 하나님을 거룩하게 사랑하는 **이 사람들은 하나님을 아는 최고의 쾌락을 더욱 충만하게 경험하기 위해 이 생의 합법적인 쾌락을 의지적으로 거부했다**.

이에 해당하는 신약 구절이 에베소서 5:18이다. "술 취하지 말라. 이는 방탕한 것이니 오직 성령으로 충만함을 받으라." 땅의 포도주로 취하고자 하기보다 나실인들은 하나님의 영의 새 포도주에 취해야 했다. 그들은 오직 성령에만 붙들려야 했다. 세례 요한은 날 때부터 성령으로 충만했으며, 이 때문에 광야의 거친 환경 속에서 자주 금식하고 오로지 메뚜기와 석청만 먹으면서 성결의 삶을 살아낼 수 있었다. 그의 안에 있던 성령의 불이 그의 나실인 서약과 금식의 삶을 지탱해준 것이었다.

나실인들의 선택의 핵심을 이해하지 못하면 그들이 절제하는 바를 논할 의미가 없다. 그것은 죄에 대한 문제가 아니다. 포도주를 마시고 포도 열매를 먹는 것은 죄가 아니었으며, 오히려 선하고 합법적인 활동이었다. 기쁨이었던 것이다. 종교적인 사람들에게 나실인들이 이러한 쾌락으로부터 스스로를 분리했다는 사실은 율법주의처럼 보일 수도 있다. "만지지 말라, 맛보지 말라, 먹지 말라"고 하기 때문이다. 그러나 나실인들에게는 이것이 끔찍한 율법주의가 아니었다. 사랑이었다. 그들은 더 높은 쾌락을 위해 살았던 것이다.

나실인들은 궁극의 쾌락 추구자들이었다. 그러나 그 쾌락을 추구하는 데에 지혜를 발휘하여 가장 성취감이 있는 곳 즉 하나님 안에서 추구했던 것이다. 시편 기자는 이것을 이렇게 묘사했다. "주의 오른쪽에는 영원한 즐거움이 있나이다(시 16:11)." 바울은 신약 성도들에게 아래 것이 아닌 위의 것들에 애정을 두라고 권고했다(골 3:1-2 참조). 나머지 사람들이 단순한 땅의 사람들이었던 반면 나실인들은 하늘의 사람들이었다.

나실인의 메시지가 더콜의 문화를 통해 전파되기 시작하자, 나는 더 많은 빛과 계시를 주님께 구하게 됐다. 나는 민수기 6:2을 읽는 꿈을 꿨다. "남자나 여자가 특별한 서원 곧 나실인의 서원을 하…려고 하면…" 그 꿈에서 **하려고 한다**는 단어가 불과 같이 페이지에서 튀어나와 내 심령으로 들어왔다. 즉시로 나는 나실인의 갈망이 그보다 앞서 존재한 갈망의 산물임을 알 수 있었다. 하나님께서 나실인을 갈망하고 격렬히 찾으셨다. 다시 말해, 하나님을 향한 갈망은 우리로부터 시작되지 않는다. 우리를 향한, 주님의 갈망하는 마음이 촉매가 되는 것이다. 나실인 서약은 사실 하나님의 마음 속에서 시작되며, 나실인들은 거기에 반응할 뿐이다. 이것은 중대한 진리다. 우리와의 친밀함을 향한 하나님의 불타는 열정은 우리가 아무리 의지와 열정을 모은다고 해도 비교 대상이 아니다. 그 꿈에서 나는 하나님께 부르짖기 시작했다. "하나님, 뜨겁게 저를 만나 주세요! 뜨겁게 제 자녀들을 찾아와 주세요!" 그 때 나는 꿈에서 경험한 것과 동일한 중보의 영 아래 눈을 뜨게 됐다.

무슨 일이었던 걸까? 나는 성령께서 실제로 나를 통해 예수님의 기도를 하고 계셨다고 믿는다. 젊은 사람들이 당신을 격렬히 사랑하고 당신께 전적으로 인생을 성별해 드리기를 원하시는 갈망을 표현하신 것이다. 이 모든 것은 드리는 심령의 자유 의지여야만 한다. 죄책감과 두려움의 부담으로 하면 무의미한 데서 그치지 않고, 우리의 영혼을 해하게 된다. 율법과 불신의 표현이 되기 때문이다. "율법 조문은 죽이는 것이요 영은 살리는 것이니라(고후 3:6)."

어떻게 이것이 성별의 위기가 되는지는 아무리 강조해도 지나치지가 않다. 수십 년간 미국의 젊은이들에게 나실인의 도전을 전하면서, 나는 대부분이 이해하지만, 어떤 이들은 이 초대를 오해하는 슬픈 일들이 있음을 알게 됐다. 그 오해는 실망과 탈진, 개인적 패배로 이어질 수 있다. 나는 이것을 아주 분명하게 짚고 넘어가고 싶다. **우리는 하나님을 얻기 위해 애쓰는 것이 아니다. 그 분은 이미 우리 소유다!** 우리의 성별은 하나님의 사랑 안에 있는 우리의 신분을 변화시키거나 증진시키는 것이 아니다. 예컨대 금식을 한다고 더 사랑받고, 금식하지 않으면 덜 사랑받는 게 아니다. 주님의 사랑은 지대하며 완전하여, 우리가 가진 열정과 헌신의 정도와 아무 상관이 없다. 궁극적으로 우리가 나실인의 때나 그 생활방식을 위해 어떤 노력을 하든지 그것이 유지되는 것은 오로지 하나님의 사랑이 그 안에 역사하기 때문이다. 주님의 수고 덕분이지 우리의 수고 덕이 아니다.

여러분의 영은 젊고 굶주려 있는가? 다른 무엇도 아닌 오로지 하나님 **전부**를 취하고자 육체의 탐욕에 마구를 채울 의지가 있는가? 그렇다면, 하나님께서는 우리를 갈망하고 계신다. 나는 그러한 사람들을 약 20년간 모아왔다. 그러나 그게 다가 아니다. 동시에 하나님께서는 또한 은퇴하여 그저 골프 치고 컨트리 클럽에서 잔치를 벌이는 것이 아닌, 성령 안에서 다른 세대의 굶주림과 동역할 기회를 기꺼이 맞이하는 부모들을 찾고 있다. 최선을 다해 나는 양쪽 무리 모두, 모든 세대를 **참된 굶주림과 그에 따른 삶**으로 부르고자 한다.

내가 허락한다. 하나님의 나라가 영적 강렬함을 허용할 뿐만 아니라 우리에게 주어진 사명의 충만함이 그것을 요구한다. 급진주의가 이제 정상이다. 그렇지 않다면 우리에겐 소망이 없다. 금식과 기도의 야생적인 면이 열린 것이다. 그에 걸맞게 살라!

나이가 많은 분들은 이러한 이야기를 불편해할 수 있지만, 실제로 많은 이들이 그 생각만으로도 젊음의 열정으로 휩싸이는 것 같은 느낌을 가질 것이다. 새롭게 되라! 그리고 진정한 나실인의 심령이 떠오를 때, 그것을 금하지 말라! 이 젊은 선동가들을 진압한다면 이 나라에 화가 임할 것이다! 성령께서 온 세대가 "그래, 우리는 하나님을 위한 극단적인 일을 할 거야. 값을 치를 거야. 거룩하고 문화를 거스르는 삶을 살 거야"라고 말하도록 영감을 주실 때, 그들을 막지 말라! 아모스 선지자는 당시 사회가 급진적인 젊은이들의 거룩한 소명을 존중하고자 아니한 것을 인해 책망했다. 그는 예언적 은사가 자녀들 가운데서 폭발하도록 허락하지 않은 것을 인해 부모들을 꾸짖는다.

> 또 너희 아들 중에서 선지자를, 너희 청년 중에서 나실인을 일으켰나니.…그러나 너희가 나실 사람으로 포도주를 마시게 하며 또 선지자에게 명령하여 예언하지 말라 하였느니라 보라 곡식 단을 가득히 실은 수레가 흙을 누름 같이 내가 너희를 누르리니
> — 아모스 2:11-13

젊은 나실인들이 그 소명을 성취하도록 허락하지 않을 때 나라에 임하는 저주가 있다. 하나님께 대해 거룩하게 내던져지기를 금하는 일은 사탄의 생각을 조장하는 것이다. 그러나 다른 방법이 있다.

그들을 사랑하라. 양육하라. 그들을 모아주고 놓아주라.

정체성과 멘토링이라는 핵심적 문제는 하나님께 작은 것이 아니다. 10장에서 이에 대해 더 자세히 다루겠지만, 지금은 예수님의 금식을 시작하게 한 것이 무엇인지 주목해 보자. 그것은 아버지 하나님의 선포였다. "너는 내 사랑하는 아들이라." 타이밍은 중대한 것이다. 예수께서는 주목할 만한 어떤 일을 하시기 **전에** 사랑하는 아들이라는 선포를 들으셨다. 어떠한 기적, 표적, 강력한 역사도 없었다. 주님께서 이루신 모든 일은 아버지의 사랑과 인정을 확신한 반응으로 된

것이었다. 그러니 우리에게도 그렇게 되어야 한다. 사랑의 확신으로 시작하라. 금식이나 나실인의 서약 가운데 그 사랑을 얻고자 분투하지 말라. 내면 깊은 곳에 육체적 노력이 아닌 은혜로 성령께서 역사하실 여지를 두라. 육체적 노력은 탈진으로 이어진다. 구약의 나실인은 훨씬 더 큰 신약의 실제에 대한 원형이다. 율법에 따라 구약을 이루고자 하지 않도록 주의하라.

시체를 가까이 하지 말 것이요

민수기 6:6은 이렇게 말씀한다. "자기 몸을 구별하여 여호와께 드리는 모든 날 동안은 [나실인은] 시체를 가까이 하지 말 것이요." 나실인 서약의 두 번째 금지 조항은 첫 눈에 보기에 당황스러울 수 있다. 일반적 상황 가운데, 죽은 가족의 시체를 묻어 줌으로 예를 표하는 것이 중요할 것이다. 허나 나실인은 하나님께서 그렇게 하지 말라고 제약하셨다. 이게 무슨 뜻일까?

우리는 나실인들의 기능만을 이해할 것이 아니라, 그들이 사회에서 상징적으로 갖는 위치를 이해해야 한다. 나실인들은 절대적 순결로 나아가야 하는 이 민족의 소명을 급진적으로 구현했다. 시체를 묻는 것이 그른 일은 아니었으나, 나실인은 삶의 더 수준 높은 규칙에 매여 있었다. 세상에서 사망이 죄의 궁극적 결과이기 때문에 나실인들은 죄와 어떠한 관계도, 상관도 없어야 했다. 오염되지 않은 상태를 유지해야 했던 것이다.

이것을 우리의 삶에 적용시켜 보자. 우리가 영적으로 죽도록 만드는 어떤 것을 만지고 있는가? 예컨대 포르노라는 창은 영적으로 수천 명의 신자들을 죽이고 있다. 나실인은 죽음을 만질 수 없고 만져서도 안 된다. 타협으로 끌어들이는 또래나 동료 집단의 압박 가운데 굴복하고 있는가? 세상의 연예, 패션 혹은 가족과 친구의 거짓된 기대 등으로부터 오는 오염에 문을 열어 두었는가? 모든 세대 가운데 나실인의 영혼을 항복 자세로 만들려 졸라오는 것들 말이다. 삼손과 같이 되라는 부르심을 받아들인다면, 그의 삶을 통해 배워야만 한다. 왜냐하면 들릴라의 공격은 어느 곳에나 있기 때문이다! 나실인은 "그 육체로 더럽힌 옷이라도 싫어한다(유 23)." 나실인은 더럽혀진 것은 만질 수 없고, 만지지 않는다.

또한 우리는 새 언약이라는 맥락 가운데서 이것을 이해해야만 한다. 왜냐하면 은혜의 삶 가운데 나실인의 부르심은 단순한 외적 금기 사항보다 훨씬 깊은 것이기 때문이다. 나실인의 성결은 신약에서도 구약 못지않게 극단적이지만, 그 심령은 율법이 아닌 사랑을 동기로 한다. 하나님께서 일으키고 계시는 새로운 나실인들은 율법주의적으로 서약을 지키려 해선 안 된다. 왜냐하면 우리의 목표는 단순한 할례가 아닌 심령의 성결이기 때문이다. 이것을 성취하는 유일한 방법은 궁극적인 헌신의 아들, 완전한 나실인 예수의 덕과 계시밖에 없다. 그 분께서 우리를 통해, 우리 안에서 당신의 아버지께 대한 전적인 성결을 살아주시고 보여주시는 것이다!

마이크 비클은 나실인의 마음의 동기를 분명하게 기술한다.

나실인의 성결이 가진 위험성은 외적으로는 거룩하면서 내적으로는 딱딱하고 사기 의가 가득한 마음을 갖게 되는 것이다. 그래서 공의의 가면과 파탄난 영혼을 위장하는 인상적 행위들 뒤에 숨는 것이다. 실패할 때에조차 오직 내면적 친밀함의 불, 성령의 충만과 더불어 지속적으로 우리를 향한 하나님의 자비와 기쁨만이 우리를 바리새인적인 마음으로부터 구해줄 수 있다. 주님과의 친밀함 없이 살아가던 나실인들 역시 예수 자체가 아닌 주 예수께 대한 자신들의 헌신 가운데 기뻐할 때 자기 의라는 위험을 마주한다. 누가복음 18:9에서 세리를 멸시했던 바리새인과 똑같이 우리는 스스로의 헌신은 높이 사면서 다른 이들의 헌신은 무시하고 말 것이다. 스스로는 의도를 가지고 판단하면서 다른 사람들은 행위를 가지고 판단할 때가 너무나 많다. 스스로의 힘을 인해 기뻐하는 자들의 심령은 두 가지 위험에 빠지고 말 것이다. 그것은 이 바리새인과 같은 성취의 거만함 혹은 무가치한 아들이라는 자기 혐오다. 겸손함으로 우리에게 주시는 하나님의 은혜를 받아들일 때에만 이런 위험을 벗어날 수 있게 된다[20].

삭도를 절대로 그의 머리에 대지 말 것이라

나실인의 머리카락은 자르지 말아야 했다. 성경은 나실인의 서약이 **나라를 전쟁으로 이끌 수 있는** 특별한 권세를 준다고 말씀한다.

드보라 당시에 이스라엘 백성들은 가나안 장군 시스라의 압도적인

---

20 — Lou Engle 〈Nazirite DNA〉 (Kansas City, Mo.: TheCall, 1998), 29 – 30쪽.

무적 군대와 기병들에 심각한 억압을 받고 있었다. 그러나 드보라의 지휘 하에 이스라엘 백성들은 일어나 하늘의 초자연적 도우심으로 시스라를 무찌를 수 있었다. 사사기 5장에서 드보라는 그 전투의 결과에 대한 노래를 부른다. "이스라엘의 영솔자들이 영솔하였고 백성이 즐거이 헌신하였으니 여호와를 찬송하라(2절)."

"영솔자들이 영솔하였을 때"라는 구절이 문자적으로는 "머리가 긴 자들이 머리를 늘어뜨렸을 때"라는 의미라는 것은 아주 흥미롭다. 또 다른 번역은 이런 것이 있다.

"이스라엘에 긴 머리채가 풀어 늘어졌을 때." 이것은 주님께 한 서원을 지키는 기간 동안 신성한 것으로 여겨졌던 머리카락을 기르도록 했던 관습에 대한 시사다(민 6:5, 18, 행 18:18). 군사들은 전쟁터에 나갈 때 머리카락을 자르지 않곤 했는데, 이는 그들이 거룩한 전쟁에 참여한다고 인식했음을 의미할 수도 있다[21].

그러므로 히브리어 본문은 드보라의 전투 당시 지도자들이 **사실상 갈등에 대비하여 머리를 기르겠다고 주님께 서약한 나실인들이었음을** 시사한다. 나실인들이 머리채를 풀어 수적으로 우세한 세력들 앞에서 긴 머리를 늘어뜨렸을 때, 갑자기 이스라엘 시민들로 구성된 군대는 믿음의 영으로 충만하게 되었다. 거룩한 열정의 에너지를 받은 이들은, 나실인의 하나님께서 그들과 함께 계심을 알고 자유로이 전쟁터로 뛰어 나아갔다. 분명히 나실인들 위에는 초자연적인 천상의 능력이 임하여 원수로부터 나라를 구할 수 있게 되었다.

그와 비슷하게, 위대한 선지자 사무엘과 엘리야의 아버지 역할 하에, 나실인들과 선지자들의 아들들[22]은 당대의 문화적, 영적 전투를 이끌고 부추겼다. 그들은 이스라엘의 여호와 하나님께 대한 순결한 예배에 도전해 온 우상숭배와, 유아 제사, 비도덕적인 바알 이단 종교의 성적 부도덕에 대한 전쟁을 일으켰다.

하나님께서는 이것을 워싱턴 DC 더콜에 앞서 생생하게 묘사해 주셨다. 내 나실인의 메시지가 처음 진수되었을 때, 나는 윌리엄 스티븐스가 쓴 역사 소설 〈엘리야〉를 선물로 받았다. 그 책을 집어들고 나는 말했다. "주님, 저는 이 나실인의 메시지로 불타고 있는 것을 아십니다. 이 책을 펼쳤을 때, 제가 여는 페이지에서 나실인에 대한 말씀을 주세요." 눈먼 믿음의 기도였다. (이런 기도를 항상 권할 만한 것은 아니지만, 때로는 그렇게 역사가 일어나기도 한다!)

나는 그 소설을 읽어본 적이 없었다. 성경이 아니었지만, 하나님께서는 우리에게 말씀하시는 방법에 있어 아주 창조적이시다. 책을 펼쳤다. 무작위로 열린 페이지는 169, 이런 내용이었다.

선지자는 문을 세게 두드렸다. 그의 노크에 응답한 것은 키가 크고 피부가 검으며, 강단 있어 보이는 진지한 젊은이었다. 엘리야가 깜짝 놀란 것은, 그 사람의 머리가 어깨 아래까지 내려왔는데도 자신의 머리카락처럼 제멋대

---

21 — Arthur E. Cundall과 Leon Morris 〈Judges and Ruth: An Introduction and Commentary. Vol. 7, Tyndale Old Testament Commentaries〉 (Downers Grove, Ill.: InterVarsity Press, 1968), 94쪽.

22 — 암 2:11; 왕하 2:3, 7, 15, 9:1; 삼상 19:20 참조.

로가 아니었기 때문이었다.

엘리야는 자기 소개도 없이 물었다. "나실인입니까?"

그는 대답했다. "맞습니다. 아세라 산당이 이스라엘에 남아있는 한, 멜카르트의 저주 받은 신전 위에 돌이 하나라도 남아있는 한, 머리에 삭도를 대지 않기로 서약했습니다."

엘리야는 흥분하여 함성을 질렀다. 공중으로 뛰어올라 완전히 한 바퀴를 돌더니 발로 착지했다. "여호와께 찬양을 드립니다. 저는 그러한 믿음이 아직 이스라엘에 있는 줄 몰랐습니다."

엘리야는 그에게 물었다. "아직 성함을 못 들었네요."

젊은이는 대답했다. "저는 엘리사라고 합니다[23]."

나는 글자 하나하나를 다시 읽으며, 하나님의 이 심오한 우연 같은 역사에 아연했다. 마치 하나님께서 내게 "나는 이 땅의 포르노와 성적 부도덕의 제단 앞에 얼굴을 고정하고 눈물을 흘릴 나실인들을 세우고 있다. 그들은 낙태에 맞서고 임산부들을 돌보겠다고 서약했다. 그들은 입양을 위한 열정으로 불타오르며, 성매매 산업에 도전한다. 그들은 위험한 선교 사역 가운데 복음의 빛으로 거짓 사상들에 침투한다. 아버지의 집을 향한 열정에 사로잡히신 주 예수의 발걸음을 따른다. 그들은 기도와 예언, 영적 전투를 통해 사망과 부정의의 정치적

---

23 — William H. Stephens 〈Elijah〉 (Wheaton, Ill.: Tyndale House, 1997), 169쪽.

체제에 도전하는, 영적으로 맹렬한 자들이 될 것이다. 그러나 그들은 삶의 질과 희생으로, 이 땅에 소망과 긍휼이라는 새로운 대안을 몸소 제시할 것이다. 그들은 사랑과 용서, 가난한 자와 억눌린 자들에 대한 엄청난 긍휼의 행위 가운데 하나님의 왕국을 살아낼 것이다. "하나님의 왕국은 그러한 자들의 것이다."

머리 긴 자들을 일으켜라!

긴 머리의 진정한 능력은 스스로를 내던진 내면을 실체화한다는 것이었다. 하나님의 뜻에 대한 전적인 순종이 아니라면 성결이 무슨 의미가 있는가?

내가 이 능력을 처음으로 본 것은 아들을 통해서였다. 우리 장남 제시는 워싱턴 DC 더콜이 열린 2000년 당시 13세였다. 그보다 7개월 앞서 제시는 쥬스만 마시며 40일 금식을 하고자 했다. 그 후에도 제시는 DC에서 집회가 열리는 날까지 고기나 후식을 먹지 않기로 결의를 이어갔다. 제시가 내게 이렇게 말했던 때 그 얼굴에 비친 열정을 결코 잊을 수 없을 것이다. "아빠, 올해는 야구하고 싶지 않아요." 참고로 말하자면, 그는 팀내 최고의 투수였다. "그냥 아빠와 함께 달리기 하면서 미국의 부흥을 위해 기도하고 싶네요."

나는 감동 받았지만 우려가 되기도 했다. 그래서 그날 밤 잠자리에 들어 그렇게 어린 아이가 그처럼 극단적인 요청을 할 때 뭐라고 대답해야 할까 골똘히 생각했다. 하나님께서는 내 우려를 신경 쓰지 않으셨고, 내가 결정하기를 기다려 주지도 않으셨다. 마치 당신께서 거룩한 불을 내려주실 수 있는, 완전히 단념된 심령을 뜨겁게 갈망하고 계셨던 것처럼 내게 대답해 주셨다. 이제 당신의 나실인을 찾으신 주님께서는 당신의 기쁨을 확인하기 위해 먼 길을 가셨다! 내 삶에서 가장 강력한 주님과의 만남 가운데 나는 귀로 들을 수 있는 그 분의 음성이 새벽 4시에 내 방에서 폭발하듯 울리며, 천둥으로 나를 흔들어 깨우는 것을 느꼈다. "미국은 사도들과 선지자, 전도자들을 보고 있으나, 아직 나실인을 보지 못했다!"

두말 할 필요도 없이, 나는 제시를 허락해줬다. 그랬더니 제시는 그 40일(그리고 이후 몇 달) 동안 내가 10대들에게서 거의 본 적이 없는 집중력을 가지고 자신을 쏟아 부었다. 8개월 후, 40만명의 젊은이들이 워싱턴 DC에 운집한 가운데, 아들 제시는 그 커다란 무대에 올라가 하나님께 미국에 나실인들을 일으켜 주시라고 부르짖었다. 제시의 말은 이미 그 세대 전체의 영혼의 표면 아래 우르릉거리고 있던 것을 분명히 표현한 것이었다.

"나실인들을 풀어 주세요!" 제시는 부르짖었다. "머리 긴 자들이 일어나게 해 주세요!"

그 날, 제시의 목소리는 회중들을 뚫고 터져 나오는 화산과 같았다. 으르렁 소리는 그 거대한 무리로부터 나와, 15년도 넘게 지난 지금까지 미국을 떠나갈 듯 흔들어 놓고 열방 속으로 침투하고 있다. 사실, 그 후 몇 주간, 우리는 전세계로부터 제시의 기도가 미친 여파에 대한 소식들을 들었다. 그로 인해 결국 필리핀에서 나실인 운동이 탄생되게 되었고, 전세계로 퍼져나갔다. 내던짐의 능력은 어떻게 측정할까? 다시 한번 나실인 하나가 길을 이끈 것이다. 내 큰 논점을 놓치지 말라. 제시는 40일간 기도했던 것이다.

우리가 이전에 보지 못한 무언가가 다가오고 있다. 아주사보다, 늦은 비 운동보다, 프로미스 키퍼즈, 기도 운동, 천막 전도, 대규모의 국제 전도 집회보다 더 큰 것이다. 그러나 예비책이 **이미** 마련되어 있다. 이 책의 주의主義는 우리가 현재의 순간을 예언적으로 바라보며 담대하게 "현재 무언가가 있다"고 선포할 수 있다는 것이다. 지난 세기 동안, 마치 차례대로 준비된 것마냥 여러 사건들이 엄청나게 고조되어갔다. 당시 거기에 관여된 사람들은 당연히 그 패턴을 인지하지 못했지만, 지금 돌아보면 우리 세대가 다가올 날들을 위한 분명한 궤도를 설정하는 데에 도움을 줄 일자와 패턴에 대한 독특한 시각을 갖게 된다. 약 20년 전인 1996년 빌 브라이트의 금식으로 시작된 기폭제와 같은 사건과 사역들이 지금까지 성령 안에서 무언가를 세워가고 있는 것이다. 그것들을 통해 여명의 군대 장군이신 만군의 주님께서는 신중하게 열심의 문화를 한 세대의 심령 가운데로 옮기셨다. 그것은 이스라엘 국가가 탄생한 1948년이라는 시간표에 따르면 마지막 세대일 수 있다. 나실인의 군대는 일어났고, 계속해서 일어날 것이다.

젊은 친구들이여, 하나님께서 40일 혹은 평생의 특별한 성결로 여러분을 부르고 계신가? 하나님께 비범한 방법으로 사용 받고 싶은 마음이 있는가? 이 세상의 쾌락으로부터 금식하고 하나님의 영원한 기쁨을 추구하라. 젊은 나실인들이여, 세대 가운데 남다르게 뛰어난 사람이 되고 싶은가? 그렇다면 마음을 반만 담은 성결을 거부하라. 여러분의 "영적 머리카락"이 자라게 하라. 하나님께서는 실망시키지 않으실 것이다. 하나님께서는 부지런히 당신을 구하는 자들에게 상을 주실 것이다. 결정을 내려라. 인생의 방향을 정하라. 모래 위에 선을 그려라. 여러분은 나실인이다. 어떤 이들은 이런 저런 것, 더 못한 것들에 발만 담궈보기도 하지만, 여러분은 그래선 안 된다. 나실인의 친밀함과 나실인의 영향력으로 부르심을 받은 것이다.

이 땅 열방을 위한 소망은 여기서 시작된다. "나의 성도들을 내 앞에 모으라. 그들은 제사로 나와 언약한 이들이니라(시 50:5)."

여러 세대를 아우르는 길을 개척하라

이후의 장에서 이 주제를 다룰 것이나, 여기서 짚고 넘어가야 할 부분이 있다. 하나님의 충만한 목적으로 나아가는 유일한 길은 여러 세대로 이뤄진 두 겹 혹은 세 겹 줄을 사랑과 존경으로 단단히 엮는 것이다. 아버지와 할아버지들이 아들들과 조화롭게 움직여야 한다. 서로 전투를 하는 것이 아니라 함께 가는 것이다. 아버지와 어머니들은 자녀들에게 영혼 즉 마음과 시간, 은사를 아낌없이 쏟아 붓기 시작해야 한다. 아버지들이여, 우리의 주된 책무는 아들 딸들에게 육체의 DNA를 물려주는 것이 아니라 바로 하늘의 유전자를 전수해주는 것이다! 자녀들의 영혼에 그들의 삶에 임하는 하나님의 높은 소명을 속삭여주라. 하늘의 이야기로 그들을 휘어잡으라.

마찬가지로 자녀들은 반항의 문화를 끊어내고 반대로 부모를 진정으로 존경하는 길로 돌아서야 한다. 마음을 열어야 한다는 뜻이다. 냉소나 다 안다는 식의 태도는 충만한 유업을 받는 길로 이끌지 않는다. 오늘날 어떤 이들은 옛적 나실인들의 방식을 따라 머리를 기르기로 하겠지만, 궁극적으로 나실인 운동의 핵심은 그것이 아니다. 부모를 사랑하고 존경하며, 하나님께 순종하고 불평하지 않는 나실인의 마음을 구하자. 존경 없이 열심만 키운다면, 그 운동은 열정적인 동시에 황량할 것이다. 나실인으로서 머리를 기르고 있었을 때 제시는 어떤 나쁜 태도들을 보였다. 나는 제시에게 지적했다. "심령이 속속들이 나실인의 것이 아니면 머리카락은 아무 의미가 없단다, 아들아." 친구들이여, 우리는 1960년대가 낳은 것과 같은 반항을 40년간 더 견뎌 낼 수 없다!

오히려 부싯돌처럼 새로운, 더 희생적인 길 쪽으로 얼굴을 향하자. 아버지들은 삶을 시작해야 할 뿐만 아니라 정체성을 확립해야 한다. 우리는 아내와 가족들을 위해 우리 스스로의 삶을 내려놓아야만 한다. 마찬가지로 선구자와 개척자들은 다른 이들이 더 쉽게 번영할 수 있도록 길을 닦는 사람들이다. 성령 안에서 아버지들, 어머니들, 그리고 개척자들은 **새로운** 영토를 취할 수 있는 자신들의 범위를 넘어설 아들과 딸들을 신중하게 양육함으로써 길을 닦는다. (이에 대해서는 7장에서 더 깊게 논하자.)

여러분도 그러한 사람이 되고 싶은가? 그렇다면, 하나님과의 삶의 폭을 넓히고, 자신의 목소리를 형성하며 영혼에 중력과 무게감을 더하는 데에 금식이 중대한 역할을 할 것이다. 성경적으로 보면 금식은 전쟁의 한 형태다. 금식은 개인의 회복을 위한 것만이 아니라, 성령 안에서 땅을 점령하고 그리스도의 승리를 드러내기 위한 영적 장치다.

개인적으로 금식은 주님께서 나에게 주신 과제를 파악하고 기도를 통해 그것을 끌고 나가는 방법을 배우게 된 주요 수단 중 하나였다. 나와는 실질적으로 무관하지만 금식을 하고자 하는 내 의지와 깊게 연결되어 있던 수많은 주님과의 만남들을 통해, 역동적인 움직임들이 태동되었고 현재 나의 영적 자녀들을 통해 전세계의 어둠에 맞서고 있다.

어쩌면 아직 너무 추상적인 표현으로 들릴지 모르겠다. 그렇다면 내가 겪은 몇 가지 이야기를 통해 이 원리를 더 잘 설명할 수 있을 것이라는 생각이 든다. 이후의 장에서 그 이야기들을 하기로 하자. 전략적 금식의 때에, 하나님께서는 내면의 불을 가꾸셨을 뿐 아니라 다른 이들이 갖고 있던 고무적인 비전을 공의와 자비의 행위로 바꾸도록 하는 일에 참여하도록 허락해 주셨다. 신성한 활동은 금식하고자 하는 사람의 의지와 나란하다. 이렇게 해서 변화의 인자가 되는 것이다. 이러한 만남들로 무장한 나는, 여러분이 삶을 통해 쓰도록 창조된 이야기들, 여러분이 일으키도록 창조된 자녀들을 위하여 믿음이 풀어질 것이라고 믿는다.

역사를 그냥 살아가지 말라. 역사를 만들고자 도전하라.

2부

금식하는 아버지와 열매 맺는 자녀들

아버지의 자취를 따르고자 한다면,
그와 같이 걷는 법을 배우라.

| 서아프리카 속담 |

| 6 |

역사를 만들고자 도전하라

여러분이 사랑하는 하나님께서 여러분의 영혼을 막다른 꿈 앞에 매어 두시겠는가?
길 없는 여정을 여러분에게 허락하시겠는가?

· 브루스 윌킨슨 ·

"또 우리 형제들이 어린 양의 피와 자기들이 증언하는 말씀으로써 그를 이겼으니(계 12:11)."

어린 양의 피는 승리했지만, 승리의 영이 전달되는 것은 간증을 통해서다. 성경에서 그것을 볼 수 있을까? 하나님의 백성 이스라엘은 계속해서 자민족의 이야기로 돌아가 주님의 신실하심에 대해 스스로를 상기시켰다. 유월절에 "왜 이 밤이 다른 모든 밤과 다른가?"를 묻는 위대한 질문이든, 하나님의 가장 거룩한 이름, "대대로 기억할 칭호(출 3:15)" 여호와를 계시해 주신 일이든 말이다. 기념의 목적은 말 그대로 우리가 **기억**하도록 하기 위한 것이다!

내 인생을 통해 하나님께서는 당신의 이야기를 나에게, 그리고 나를 **통해** 신실하게 해오셨고, 그 과정 가운데 나는 내 이야기들이 다른 사람들 가운데 잠들어있던 기억들을 깨우는 역할을 하는 경향을 발견했다. 다시 꿈을 꾼다는 것, 즉 한때 믿었으나 지금은 잊어버리고 있는 그 방식을 믿는다는 것의 의미에 대해 말이다. 예언의 말씀은 죽은 뼈들로 하여금 다시 생명의 달그닥 소리를 내게 한다. 중요한 것은 **나의** 역할이 아니다. 하나님께서 의지적으로 금식하는 중보자들의 손에 두신 능력이다. 완벽한 금식을 하는 자, 가장 강하고 지혜로운 중보자가 아니다. 연약하지만 그저 의지적으로 금식하며 기도하는 남녀 종들인 것이다. 분명 나는 연약하지만 의지는 있는 사람이다. 여러분은 어떠한가? 의지가 있다면, 연약함이 여러분을 멈추도록 만들지 말라!

나는 이야기의 능력을 믿는다. 이야기는 우리를 감동시키고 우리에게 믿음을 준다. "하지 말라"는 계명은 머리에 다가올 수 있지만, "옛날 옛날에"의 이야기가 있어야 가슴까지 향한다[1]. 이 책에 나오는 대부분의 이야기들은 내가 겪은 것이다. 왜냐하면 결국 우리 모두가 마찬가지이기 때문이다.

여러분에게도 이야기가 있을 것이다. 요한계시록 12:11은 우리의 이야기가 섞이기 위한 것이라고 말씀한다. 철이 철을 날카롭게 하는

---

1 — Philip Pullman "Opinion: The Moral's in the Story, Not the Stern Lecture," 〈The Independent〉, 1996년 7월 18일, http://www.independent.co.uk/news/education/education-news/opinion-the-morals-in-the-story-not-the-stern-lecture-1329231.html.

것같이 서로를 맞문지르는 것이다. 그렇게 될 때 불꽃이 튄다. 과거의 시련과 승리로부터 탄생된 시험, 확신, 소망의 자리는 다음 영광의 씨앗이 열매를 맺을 비옥한 땅이 된다. 이것이 우리가 다른 이들에게 전달해줄 수 있는 한 가지일지 모른다. 그렇게 우리는 함께 승리하는 것이다.

금식 중의 연약함

나는 장기 금식과 기도가 몇몇 "영적인" 사람들만을 위한 것이라는 인식을 떨쳐버리고 싶다. 사실 금식은 예수께서 제자들을 부르셔서 주신 세 가지 원칙 중 하나다. 주님께서는 말씀하셨다. "너희가 기도할 때", "너희가 구제할 때" 그리고 "너희가 **금식할 때**" 아버지께 상을 받을 것이라고.

금식은 모든 제자들을 위한 것인데, 우리는 육체의 연약함과 자연적 식욕을 정복할 능력이 없을 것 같다는 판단에 압도된다. 놀라운 소식은 이 모든 게 우리에게 달린 것이 아니라는 것이다. 그리스도께서 우리 안에 사시고, 금식에 대한 내면적 동기를 주기 위해 우리 안에 역사하신다! 금식은 하늘로부터 임하는 은혜다.

나는 또한 금식이 인간의 실패와 연약함으로 가득하다는 것을 발견했다. 그리고 여러분의 여정보다 내가 걸어온 길을 더 높이고자 하지 않도록, 내 연약함을 먼저 고함으로 시작하려 한다. "내가 너희 모든 사람보다 방언을 더 말하므로 하나님께 감사하노라." 바울은 말했다. 그것이 그의 자랑이었다. 내 자랑은 여러분 모두보다 금식에 더 많이 실패했다는 것이다. 나는 금식과 기도에 있어서는 이랬다 저랬다 하는 정신분열증 환자 같다. "금식을 할 것인가, 말 것인가?"는 내가 끊임없이 갖고 있는 질문이다. 종종 아내에게 "오늘 금식이야"라고 발표를 한다. 한 번은 아내가 조금 정중하면서도 여전히 냉소적인 표현으로 이렇게 대답했다. "아침은 뭐 줄까요?"

금식을 하고자 결단할 때마다, 반드시 우주적인 유혹과 매력의 법칙 같은 것을 보게 될 것이다. 왜 갑자기 사무실에 도너츠가 가득 들어있는 예쁜 분홍색 박스가 있냐는 것이다. 금식하기 전에는 도너츠가 없다. 금식을 결정하고 나면, 아니 결정을 내리는 그 **순간**에 딱! 하고 나타난다. 나는 메이플 시럽을 바른 도너츠가 갑자기 나타나 금식을 실패하게 된 게 도대체 몇 번인지 모른다. 한 번은 내가 다른 이들에게 헌신하도록 촉구하여 단체 금식을 시작하고 3일쯤 되었을 때, 말도 안 되게 식탐이 솟아나는 것을 느꼈다. 그래서 집에서 (아내가 보지 않는다는 것을 확인하기 위해) 여기 저기를 살피다가 재빨리 요거트와 과자를 챙겼다. 금식할 때는 무엇을 먹어도 맛이 있다.

다음 날, 나는 패서디나에 위치한 24시간 기도의 집에 있었는데, 한 예언적 중보자가 들어오더니 말했다. "어젯밤에 목사님 꿈을 꿨습니다. 바로 이 자리에 어제도 앉아 계시는 걸 봤습니다."

속으로 생각했다. '**정말 놀랍다. 하나님께서 내 주소를 아시네!**'

그리고서 그녀는 말했다. "그런데 꿈 속에서 저는 목사님께 크게 실망했습니다. 금식을 작정한 기간 중에 요거트와 과자를 드시고 계셨거든요."

가슴이 철렁했다. 나는 생각했다. **'끔찍한 일이네. 하나님께서 내 주소를 아시는구나.'**

바로 지금, 여러분은 이 이야기를 듣고 기겁을 했을 수도 있고, 숨 넘어갈 듯 웃고 있을지도 모른다. 어쩌면 이상하게 위안이 되는 것이 최선의 반응일 것이다. 나는 이 이야기를 수년간 숙고했다. 하나님께서 나를 놀리신 것인가? 부드럽게 하나님의 눈이 참새⋯ 그리고 나를 돌보신 것을 사랑으로 상기시켜 주신 것인가? 아니면 이런 선포를 하신 것인가? "아들아, 기도와 금식으로 역사를 바꿔놓는 것이 네게 주어진 소명이다. 내 부름을 가볍게 여기지 말아라!" 둘 다 맞을지 모른다. 그러나 나는 후자가 더 중요하다고 본다. 하나님께서 친히 당신의 중보로 여러분을 부르실 때, 위대한 것들이 나아온다. 하나님께서는 내가 금식과 기도에 대해 설교하고 책을 쓰실 것을 아셨다. 내가 다시 나의 목적으로 복귀하도록 정신차리게 하신 것이다.

그러니까 이렇게 하라. 금식으로의 부르심은 완벽으로의 부르심이 아니다. 그러나 금식을 가볍게 여겨서도 안 된다. 우리의 육체는 실패할 것이나 하나님께는 은혜가 충만하다. 주님께서는 그저 당신께 **네!** 라고 대답하는 사람을 사랑하신다. 그것이 금식의 의미다. 그러니 전에 시도했다가 실패했다면, 새롭게 되어 주님의 힘을 의지하고 자신의 성결 속으로 돌아가라. 나의 실패를 통해 교훈을 얻으라. 금식에 실패란 없다. 금식의 목적 자체가 믿음의 영역으로 뚫고 들어가는 것뿐이다. 바로 얼마 전, 나는 오랜 기간을 금식했지만 결단한 완전 금식 상태를 유지할 수가 없었다. 매일 뭐라도 조금씩 먹어야 했다. 그런데 40번째 날, 그 날은 아주사 거리 부흥의 기념일이었는데 주님께서 내 삶을 뚫고 들어오셔서 내년을 위한 과제를 주셨다.

금식은 결코 우리가 음식을 얼마나 신실하게 절제하느냐에 대한 것이 아니다. 오히려 우리가 기회를 드리기만 하면 하나님께서 얼마나 신실하시게 우리의 연약함을 뚫고 들어오시느냐가 중요한 것이다. 이 모든 것이 개인적 수준에서는 맞는 말이지만, 우리 개인의 훈련 수준을 넘어서면, 하나님께서 간섭하사 필요한 위기 때 성령 안에서 강력한 능력의 열매를 맺게 해주시는 단체 금식이라는 차원이 있다. 지질구조판이 움직이고 열방이 흔들릴 때, 한 나라에 소망이 없고 치유법이 없을 때, 하나님께는 여전히 거룩한 해법이 있다. **시온에서 나팔을 불어라! 백성들을 소집하라! 엄숙한 성회를 열어라! 금식을 선포하라!**

이 책의 전제 중 하나는 위기의 때에 사람들의 삶, 그리고 열방의 운명이 간절하고 집중된 기도라는 지렛목 위에서 전환된다는 것이다. 그게 무슨 뜻인지 더 알아보기로 하자.

꿈과 전쟁

사무엘상에서 우리는 사울의 인생을 통해 인간의 리더십과 이스라엘의 왕정이 철저히 실패하는 모습을 본다. 끝에 가서 그는 전혀 하나님의 음성을 받지 못하고 들을 수가 없어, 죽은 자들의 영역으로부터 지식을 전달해주는 영매를 통해 사탄적 지혜를 얻고자 하는 상태로 돌아가는 모습을 보인다. 사무엘상은 이스라엘 왕 사울이 죽고 목이 잘리는 것으로 끝맺어진다. 우연은 아니지만 갑자기 사무엘상 저자는 이런 마지막 기록을 남긴다. "모든 [야베스 길르앗의] 장사들이… 사울의 시체와 그의 아들들의 시체를 벧산 성벽에서 내려 가지고… 그의 뼈를 가져다가 야베스 에셀 나무 아래에 장사하고 **칠 일 동안 금식하였더라**(삼상 31:12-13)."

사무엘하는 전부 다윗에 대한 이야기다. 이스라엘 민족이 회복되고 다윗의 왕권이 상승하는, 더 위대한 다윗, 즉 예수의 오심을 예표하는 모습인 것이다. 파괴와 회복 사이에 그들이 **칠 일 동안 금식했던** 것이다. 성경 전체를 살펴보면, 성경 역사의 중대한 전환점 가운데 연합 단체 금식 기도의 때가 있음을 발견할 수 있다.

도시와 지역, 심지어 나라의 회복을 위한 전투가 오늘날도 일어날 수 있음을 믿는가? 나는 믿는다! 내가 선포한다. 단체 금식 기도는 모든 나라에 있어 역사의 경첩이 될 것이다. 이스라엘에 있어 그랬던 것과 마찬가지다. 그리고 개인의 역사에 있어서도 경첩 역할을 할 것이다. 이번 장에서 나는 40일 금식의 때에 내 인생 자체가 어떻게 전환되었는지를 예로 들어 보여주고자 한다. 엄청난 연약함과 육안으로 보기에 인간적 실패 같았던 것에도 불구하고 말이다.

1999년, 성령께서는 나를 독특한 금식의 여정으로 인도하셨다. 그것은 내 세계를 형성하고 흔들며, 캘리포니아 주의 권세들을 움직이며 사탄에게 안전지대는 없다는 믿음을 내게 줄 여정이었다. 이 여정의 끝에 나는 **우리가 오직 하나님의 말씀과 영을 합심하여 담대하게 따르기만 하면, 이 땅에 그리스도의 승리를 밝히 드러낼 수 있음을**

분명히 알게 되었다.

페루 출신의 한 젊은 여성이 그보다 얼마 전 자신의 꿈 이야기를 들려주었다. 그 꿈에서 그녀는 몸이 물로 된 로마 전쟁의 여신이 거대한 파도를 쌓아올리는 모습을 보았다. 사람들은 거친 물살 속에서 수영을 하고 있었지만, 그 파도들이 너무나 커서 자신들의 사명에 다다르지 못했다. 그 때 꿈 속에서 한 천사가 페루 여인에게 나타나 말했다. "이 영의 세력을 깨뜨릴 수 있는 유일한 것은 예수님처럼 40일 금식을 하는 것뿐이다."

그녀가 내게 물었다. "이 꿈이 무슨 의미가 있는 것 같으세요?"

나는 생각해 봤다. 어떻게 의미가 없을 수 있을까? 나는 수년간 캘리포니아 주의 신성한 사명을 위해 분투해 왔다. "로마 전쟁의 여신은 캘리포니아의 주새州璽예요. 그 신상이 샌프란시스코 만에 위치해 있죠. 저는 그 꿈이 의미심장하다고 봅니다."

여기서 몇 가지 중요한 원칙을 짚고 넘어갈 필요가 있다. 먼저, 하나님께서는 **정말로 당신의 자녀들에게** 말씀하신다. 하지만 우리가 하나님께 귀를 기울이고 믿고자 하는 의지를 갖지 않으면, 주님께서 우리에게 주시는 표현의 대부분은 간과되거나 무시될 수밖에 없다. 완전히 비극적인 일이다. 우리 개인의 인생뿐만 아니라 역사 전체를 두고 볼 때 말이다.

문제가 너무 많아서 많은 이들로 하여금 사람의 지혜와 힘에 기대어 닥치는 대로 여러 가지 방법을 시도하도록 만들고 있다. 문제에 압박을 받는 것과 꿈의 인도를 받는 것은 전혀 다른 이야기다. 켄 가

이어는 이렇게 썼다. "한밤중에 우리의 영혼에 속삭이는 꿈보다 더 친밀한 소통은 없을 것이다. 창문을 여시는 것은 우리가 아닌 하나님이신 것이다. 우리는 그저 주신 것을 받을지 안 받을지 결정할 뿐이다[2]."

페루에서 온 그 여인은 그 꿈에 별로 관심을 안 둘 수도 있었다. **놓칠** 수도 있었던 것이다. 마찬가지로 나도 **무시**할 수 있었다. 그런데 우리 둘 다 성령의 음성이 꿈 안에 담겨 있을지 모를 가능성에 귀를 기울이기로 했던 것이다. 이것이 성경적인 것이다.

> 하나님은 한 번 말씀하시고 다시 말씀하시되 사람은 관심이 없도다. 사람이 침상에서 졸며 깊이 잠들 때에나 꿈에나 밤에 환상을 볼 때에 그가 사람의 귀를 여시고 경고로써 두렵게 하시니 이는 사람에게 그의 행실을 버리게 하려 하심이며 사람의 교만을 막으려 하심이라.
> ― 욥기 33:14-17

둘째로 이 땅은 어마어마한 전쟁터이고 우리 원수는 대단히 실제적이다. 이것은 어떤 철학적, 신학적 관념이 아니다. 보이지 않는 전쟁이라는 것은 성경적 실제인 것이다. 내가 어딜 가나 사탄들을 찾는

---

2 ― Ken Gire 〈Windows of the Soul〉 (Grand Rapids, Mich.: Zondervan, 1996), 60쪽, 162쪽. 나의 언어를 켄 가이어만큼 잘 사용하는 사람은 거의 없으며, 나는 이 책을 닳도록 보았다.

것은 아니지만, 하나님께서 우리가 대적해야 하는 영적 세력들을 계시해 주실 때가 있다. 사람들과 지역, 나라가 그 원수의 권세로부터 해방되기 위해선 말이다. 그것이 이러한 꿈의 성질이다.

로마 문화 가운데 미네르바는 끔찍한 전쟁의 여신으로 사람들에 대하여 전쟁을 일으키는 공포의 대상으로 유명했다. 그 미네르바가 샌프란시스코 입구에서 환영을 한다. 미네르바는 또한 지혜와 예술, 교육의 여신이기도 하다. 캘리포니아가 그런 것들로 유명하지 않은가?

나는 전투에 대한 전략을 보여주셨다고 믿는다. "미네르바"는 서해안의 근거지였고, 하나님의 계시가 내 인생을 지휘할 가능성을 허용했다면, 이 빵 부스러기 길을 쫓아갔다면, 나는 주님께서 기도 가운데 돌파를 허락하실 목적으로 지시와 통찰을 계속해서 주셨을 것을 경험을 통해 안다.

물론 우리에겐 선택의 자유가 있다. 바로 그 때 나는 선택을 한 것이다. 현실이 짓눌러 오고 있었지만, 나는 어떻게 할 것인가? 어떻게 해야 할까? 초자연은 이상하고 불안한 느낌이 든다. 부자연스럽다. 틀렸기 때문이 아니라, 물질주의적 철학에 잘 들어맞지 않기 때문이다. 물질주의는 수십 년간 계몽된 서구 기독교를 다스려 왔다. 하나님의 이상한 방식을 항상 설명하거나 이성적으로 평가할 수 없다. 그렇지 않은가? 그렇다고 해서 하나님께서 실제이시라는 사실이 바뀌는가? 초자연적 실제도 마찬가지다.

나는 그 꿈이 암시하는 바에 벌벌 떨렸다. 그것이 진짜 꿈이었다면, 캘리포니아를 다스린 악한 영이 사람들이 사명에 이르지 못하도록 묶어두고 있었던 것이다. 그러나 그 영의 능력은 깨질 수 있는 것이다. 나는 3년 동안 기다리며 그 꿈을 상고했다. 2002년 11월, 우리는 한국 서울에서 더콜을 개최했다. 그리고 나는 바로 2003년 초에 더콜이 열릴 예정이었던 샌프란시스코로 향했다.

비행기 안에서 그 페루 여인의 꿈이 내 영적 레이더에 다시 감지되어 들어왔다. 그 꿈을 성취하여 그 영을 깨뜨리고자 하는 강렬한 갈망이 내 위에 임했다. 성령께서는 내 심령에 당신의 믿음을 두사, 내가 예수 금식으로 들어가면 캘리포니아 위의 그 영이 깨질 것이라는 확신을 갖게 하셨다. 그러나 나는 '**예수님처럼 40일 동안 물만 마시는 금식은 해 본 적이 없는데**' 하면서 속으로 걱정하고 생각하기 시작했다. '**40일 동안 물만 먹었다가는 죽을지도 몰라! 이 금식을 하고 싶지만 죽을 순 없지. 일곱 명의 아이들이 있는데.**' 나는 근심이 깊어져 스스로와 씨름했다.

주님께서 아주 강압적으로 내게 말씀하셨다. '**캘리포니아를 위해 죽을 수 있을 만큼 캘리포니아를 사랑하니?**'

아!!! 주님의 질문이 내 영혼을 파고들었다. 단순한 열성과 훈련이 아닌, 그리고 올바른 신학에 따른 기도가 아닌 중보의 모드로 끌려가고 있었다. 기도가 **되어야 한다**는 음성을 듣고 있었던 것이다. 거기엔 대가가 따를 것이었다. 성경에서 참된 중보는 죽음을 각오하고라도 틈새에 서는 행위라고 여러 차례 반복적으로 묘사된다. 삶과 죽음 사이의 틈새를 우리는 기도로 채운다. 예수께서 십자가에서 중보하신 게 바로 그런 행위다. "일반적" 기도는 하늘에 청원하는 것이고, 하나님께서는 그 기도에 응답을 해주실 수도 있다. 그러나 중보는 우리가 우리 존재의 핵심을 걸고 손을 뻗어 답을 취하는 것이다.

간단히 말하자면 전적으로 중보한다는 것은 스스로를 산 제사로 아낌 없이 바치는 것이다.

나는 속으로 주님의 질문에 대답을 했다. '**캘리포니아를 위해 죽을 수 있을 만큼 사랑하고 싶지만, 죽을 순 없습니다. 일곱 자녀가 있어요. 이것이 주님께로부터 온 것이라는 사실을 확증해 주셔야 합니다.**'

50번째 생일을 맞은 아침, 나는 꿈을 꾼 페루 여인의 남편인 젊은 이를 만났다. 내 여정에 대해 전혀 알지 못한 그의 입에서 나온 첫 마디는 이것이었다. "제 아내가 얼마 전 꿈을 하나 더 꿨어요. 꿈에서 한 여인이 아내에게 다가와 말했답니다. '루 잉글 목사는 네가 3년 전에 꿈꾼 금식을 하고 있다. 자신이 죽을 거라고 생각하지만 그는 죽지 않을 것이다.'"

즉각 하나님의 응답이 임했다. 나는 주님의 말씀에 반응을 해야 했다. 더 이상 안전한 게임을 할 순 없었다. 이제 더 이상 단순히 좋은 생각이 아닌 주님의 소환을 받았기 때문이다. 나의 40일간의 과제는 하늘로부터 임한 임무였으며, 내 영혼 가운데 그 성취를 바라보는 믿음이 주입되고 있었다. 나는 내게 주신 그 말씀이 마치 엘리야에게 주신 "천사의 음식"처럼 느껴졌다. "여호와의 천사가 또 다시 와서 어루만지며 이르되 '일어나 먹으라. 네가 갈 길을 다 가지 못할까 하노라.' 하는지라. 이에 일어나 먹고 마시고 그 음식물의 힘을 의지하여 사십 주 사십 야를 가서 하나님의 산 호렙에 이르니라(왕상 19:7-8)."

그렇게 나는 금식에 돌입했다.

맞서야 할 때

후에 로마에 등장한 미네르바에 해당되는 고대 가나안의 신이 아스다롯이었다. 역사적으로 아스다롯은 이세벨의 영으로 실체화되었다. 이세벨이 많은 하나님의 용사들을 훌쩍거리는 내시들로 전락시키기 위해 사용한 가장 큰 수단 중 하나가 성적 부도덕으로 꾀는 것이었다. 동일한 영이 엘리야의 때에도 살아있었으며, 후에 두아디라 교회에도 등장했다.

그 눈이 불꽃 같고 그 발이 빛난 주석과 같은 하나님의 아들이 이르시되, "내가 네 사업과 사랑과 믿음과 섬김과 인내를 아노니 네 나중 행위가 처음 것보다 많도다. 그러나 네게 책망할 일이 있노라. 자칭 선지자라 하는 여자 이세벨을 네가 용납함이니 그가 내 종들을 가르쳐 꾀어 행음하게 하고 우상의 제물을 먹게 하는도다. 또 내가 그에게 회개할 기회를 주었으되 자기의 음행을 회개하고자 하지 아니하는도다. 볼지어다. 내가 그를 침상에 던질 터이요 또 그와 더불어 간음하는 자들도 만일 그의 행위를 회개하지 아니하면 큰 환난 가운데에 던지고 또 내가 사망으로 그의 자녀를 죽이리니 모든 교회가 나는 사람의 뜻과 마음을 살피는 자인 줄 알지라. 내가 너희 각 사람의 행위대로 갚아 주리라.…이기는 자와 끝까지 내 일을 지키는 그에게 만국을 다스리는 권세를 주리니."

— 요한계시록 2:18-23, 26

충만한 부활의 영광과 열정으로 계시되신 예수께서는 당신의 몸에서 이세벨의 영향력을 씻어내기로 완전히 작정을 하셨다. 구약의 이세벨이 자연적 이스라엘로 하여금 더럽혀지도록 통제한 데서부터 강력한 신약의 "여선지자"에 이르기까지 이 악한 이름의 지속성은 동일한 영이 역사하여, 성적 도착이라는 부패케 하는 교리를 사용하는 것을 보여준다. 불꽃 같은 눈과 빛난 주석 발을 가지신 예수께서 등장하신다. 주님께서는 온유와 겸손으로 오시는 것이 아니라, 거룩한 질투의 불로 이 악한 영을 우리가 관용한 것을 씻어내기로 결단하셨다. 내 성경에 보니까 붉은 글씨가 용감하고 사과함 없는 모습이다. "또 내가 그에게 회개할 기회를 주었으되… 볼지어다. 내가 그를 침상에 던질 터이요(계 2:21-22)."

이세벨은 강력하다. 그러나 이세벨이 승리할까? 아니다! 영원한 하나님의 아들 예수께서 포효하시는 이 다음 선포를 들어보라. "**이기는 자와 끝까지 내 일을 지키는 그에게 만국을 다스리는 권세를 주겠다!**" 나는 이 구절을 살펴보면서 이 영이 나에 대해 어떠한 권세를 행사하고 있다면 내가 캘리포니아에 대한 이세벨의 영을 묶을 권세가 없으리라는 것을 깨달았다. 나는 그리스도 예수와 그 분의 권세 안에 잘 숨어야 했다. 단순히 위치적으로만 아니라 체험적으로 말이다. 예수께서 사탄을 멸하시기 위해 십자가에 달리셨을 때도 동일한 원리를 몸소 보여주셨다. "이 세상의 왕이 오겠음이라 그러나 그는 내게 관계할 것이 없으니(요 14:30)."

그래서 40일간 나는 거의 물만 마시면서 금식을 했다. 매일 나는 내 안에 이세벨을 허용한 모든 것들을 씻어주시라고 예수께 구했다. 어떤 것도 놔두시지 말라는 부탁이었다! 포르노와 성매매는 이세벨의 영향력의 아주 극단적인 예일지 모르지만, 그것이 끝도 아닐 것이다. 이세벨은 은밀하고 미묘하다. 이세벨의 혼취케 하는 유혹과 무력케 하는 역사는 문화 가운데 너무나 정상화되어, 더 이상 정치와 음악, 영화, 그리고 결혼 가운데 그 능력이 역사하고 있는 것을 분별할 수 없는 지경에 이르렀다. 나는 내가 전쟁 중에 있으며 승리로 가는 유일한 길이 면밀히 살피시는 성령의 눈길에 나를 숨김없이 내어드리는 것임을 알았다. 불타오르는 눈을 가지신 분께서 내 마음과 생각, 사고와 묵상을 신실하게 살피셨고 나는 뒷걸음치지 않았다. 내가 이 영과 타협했던 영역이 있었음을 인정하는 것이 때로 고통스러웠지만 말이다. 나 자신의 연약함과 육체성 가운데 하나님의 거룩하심의 깊이를 체험하면서, 나는 주님께 부르짖곤 했다. "저를 씻어 주십시오! 제 생각을 씻어 주십시오! 제 눈길을 씻어 주십시오!" 그리고 나서 매일 에베소서 6:10-12의 영 안에 내 입지를 세워야 했다.

> 끝으로 너희가 주 안에서와 그 힘의 능력으로 강건하여지고 마귀의 간계를 능히 대적하기 위하여 하나님의 전신 갑주를 입으라. 우리의 씨름은 혈과 육을 상대하는 것이 아니요 통치자들과 권세들과 이 어둠의 세상 주관자들과 하늘에 있는 악의 영들을 상대함이라.

실제로 나는 예수의 공의의 옷을 입고 악한 권세들 앞에 서서 "예수의 이름으로 캘리포니아의 이세벨에 대하여 십자가의 승리를 높인다"고 선포하는 모습을 그리곤 했다.

금식의 서른한 번째 날, 나는 샌디에이고에서 설교를 하게 되었는데, 그 곳은 프랭클린 홀이 〈원자력적인 하나님의 능력〉을 쓴 곳이었다! 나는 샌디에이고의 성도들에게 그들이 가진 구속적 은사는 금식과 기도를 통해 하늘의 전투를 승리하고 신성한 원자력을 이 땅에 풀어놓는 것이라고 가르쳤다. 프랭클린 홀의 놀라운 책에서 직접 영감을 받은 것이었다. 그날 새벽 1시, 샌디에이고의 한 호텔에서 나는 이제껏 가장 심오한 꿈이라고 할 만한 만남을 가졌다. 그 꿈에서 나는 캘리포니아 위를 날고 있었는데, 하나님의 영이 나를 통해 십자가의 승리로 날아오르사 캘리포니아 주 전체에 대한 이세벨의 영을 무찌르셨다. 나는 성령 안에서 믿을 수 없는 자유와 억제되지 않은 능력을 한창 느끼고 있었다. 갑자기 눈을 뜨고는, 말 그대로 십자가의 승리를 크게 외치고 있었다. "예수, 죄에 대하여 승리하신 분, 이세벨에 대해 승리하신 분, 캘리포니아를 해방시키시는 분!" 나는 무언가가 깨어졌으며, 사탄이 도전받았으며 캘리포니아 지역에 대한 그의 능력의 네트워크가 어느 정도 깨졌음을 알게 되었다. 실제로 나는 이것이 사탄의 능력이 주님의 천사에게 꺾였던 다니엘 10장과 같은 유형의 돌파일지 모른다는 생각을 했다. 예감이었다. 알 순 없었지만 그 전환을 인식했다.

새벽 빛이 밝아오자 나는 샌디에이고에서 미주리 주 세인트루이스로 이동했다. 불현듯 내 친구 크리스 버글런드가 공항에 나타났다. 아주 기분 좋게 깜짝 놀랐다. 전혀 예상치 못했기 때문이었다. 그는 내게 전날 밤에 캔자스 시티에서 세인트 루이스로 운전해서 와야 할 것만 같은 느낌을 받았다고 했다. 이유는 알지 못했지만 그는 순종했다. 그러더니 충격적인 말을 했다.

"루, 오늘 새벽 3시에 네 꿈을 꿨어."

나는 귀를 쫑긋 세웠다. 새벽 3시? 그렇다면 캘리포니아 시간으로는 새벽 1시였다. 내가 평생 가장 강력한 꿈 중 하나를 꿨을 **바로 그때에** 내 친구도 꿈을 꿨다는 말이었다! 나는 주목할 수밖에 없었다.

크리스는 말했다. "한 음성이 들려 왔어. '루가 이 금식에 아주 신실하게 임했기 때문에, 그에게 열방에 대해 이세벨을 다스릴 권세를 주었다. 더콜이 어디로 가든, 내 기도의 집을 세울 것이다.'"

크리스는 그 당시 내가 어떻게 살고 있는지 전혀 몰랐고, 주님께서 내게 주신 말씀도 몰랐다. 하나님께서는 은혜롭게도 내가 금식의 기초로 삼은 요한계시록 2장 말씀을 통해 신성한 확증을 주신 것이었다. 왜 이것이 중요할까? 왜냐하면 내면에서부터 이세벨을 정복하는 일이 그리스도 예수의 덕을 통해 다가올 전투에 대한 외적 권세로 옮겨졌기 때문이었다. 나는 캘리포니아에 대한 영적 권세를 받았다. 하나님께서는 참된 돌파가 일어났음을 강력하게 확증해 주고 계셨다.

곧 나는 그 승리의 결과들을 보게 되었다. 그 40일 금식의 궤적은 화살과 같이 바로 나를 샌프란시스코로 향하게 했다. 사람들에 대하여 전쟁을 일으킨 영 곧 로마의 전쟁의 여신이 드러난 곳 말이다. 2004년, 나는 샌프란시스코의 한 흑인 교회에 설교 초청을 받았다.

나는 엘리야와 이세벨의 결투, 그리고 샌프란시스코로부터 강력하게 조장되고 있는 동성애 어젠다에 대해 설교했다. 말씀을 전하고 있는데, 키가 큰 백인 한 명이 들어오더니 앞줄에 앉았다. 그가 누군지 나는 몰랐는데, 모두가 그를 쳐다봤다.

설교가 끝나자 목사님이 말했다. "샌프란시스코 시장님이 이 곳에 계신데, 하실 말씀이 있답니다." 그 키 큰 백인은 새로 선출된 개빈 뉴섬 시장이었다. 그가 이야기를 마치자, 사람들은 내게 그를 위해 기도해 달라고 했고 나는 뉴섬 시장에게 안수하고 이런 취지로 기도를 했다. "주님, 모든 정부가 주님의 정부로부터 말미암은 것을 감사드립니다. 그러니 이 사람이 하나님의 정부 하에 이 도시에서 하는 모든 일에 대한 책임을 지게 될 것을 알게 해 주십시오."

13일 후, 개빈 뉴섬은 불법적으로 캘리포니아에서 동성 부부들을 결혼시키기 시작했다. 떨 것을 촉구하는 시편 2편 11절에 앞선 10절("그런즉 군왕들아, 너희는 지혜를 얻으며 세상의 재판관들아, 너희는 교훈을 받을지어다.")의 영으로 하나님께서는 자신이 책임을 지게 될 것이라는 견고한 경고를 받을 사람을 보내주셨다. 명심하라. 내가 40일간 금식하면서 집중한 것은 영적 실제였다. 나는 하나님께서 나라의 영혼을 위한 이념적 전투의 근성과 혈기 속으로 나를 밀어넣으실 것이라는 생각이나 기대가 전혀 없었다. 하지만 돌아보면, 금식 가운데 하나님의 손이 나를 준비시키시사 바알의 제단에 맞서기 위한 기도 운동에 집중할 세대를 일으키고자 하셨음을 분명히 볼 수 있다. 요즘 말로 하자면, 낙태와 성매매, 동성애 어젠다와 그외 우리 시대의 최고의 갈등들이다.

이것은 내 인생에 주신 위임이다. 천상의 악한 영적 세력들에 맞서는 돌파를 위해 장기 금식 기도에 헌신하는 "영적 비행사들"의 세대를 일으키는 것 말이다. 앞으로 두 장을 통해, 우리는 일으키는 부분과 영적 비행사 부분을 모두 탐구해 볼 것이다. 하나는 엘리야 이야기에 담겨 있고, 다른 하나는 다니엘의 이야기에 담겨 있다.

엘리야부터 시작해 보자!

| 7 |

유업의 세대를 풀어놓으라

수백만의 사람들이 의식적으로 하나님을 거역하지 않는다.
그들은 케이크와 TV를 자연스럽게 좋아한다.
주기적으로 밀려드는 성과 스포츠, 영화에 대한 소식이 아니면 하품을 하는 인생이다.
의미에 대한 열정이 없다. 열정 자체가 존재하지 않는 이들이 많다.

• 존 파이퍼 •

역사를 통틀어, 주요한 세대의 전환은 40일 금식의 숨겨진 능력에 의해 주도되었다. 이야기를 더 이어가기 전에, 얼마 동안이든 장기 금식을 한다는 것의 의의가 무엇인지 확실히 짚고 넘어가야겠다. 나는 어떤 식으로든 3일, 5일, 10일, 21일 금식에 임하는 은혜를 평가 절하할 의도가 없다. 기간은 아무런 상관이 없다. 왜냐하면 모두 우리 영혼에 귀한 금식이기 때문이다. 기간이 적다고 은혜가 덜한 것이 아니다. 그러나 내가 이처럼 강력한 훈련을 성도들의 삶에 권고하고 스스로 실행해 온 바, 하나님의 백성은 40일 금식의 패턴과 효능을 더 이상 무시할 수 없다. 개혁의 선구자들은 40일 금식을 통해 유업을 받을 세대들이 등장할 수 있는 길을 닦는 것이다.

다르게 표현하자면, 이번 장은 영적 아버지들이 유업의 아들들을 일으켜 세우는 이야기다. 엘리야의 영이 금식을 통해 나타났던 것을 가리키는 것이다.

대가가 없이 이뤄지는 일이 아니다. 구속에는 항상 무언가 대가가 있다. 그래야 누군가가 공짜로 선물을 받을 수 있게 된다. 오해는 말라. 예수께서 죄에 대한 모든 대가를 치르셨기 때문에, 우리가 회유를 목적으로 금식을 통해 고통받는 것은 아니다. 십자가는 완전하고 온전했다. 그러나 우리는 굶주림과 겸손 가운데 자녀들을 일으켜 세울 권리를 위해 값을 치름으로써 희생적 사랑의 본에 참여할 수 있게 된다.

뱃속의 다니엘

나 자신의 DNA도 역사상 많은 위대한 중보자들에 의해 형성되었는데, 한두 명만 굳이 꼽자면 엘리야와 다니엘을 선택할 것이다. 나는 항상 이 둘의 이야기에 끌렸는데, 몇 년 전 주님께서는 아주 창의적이게도 다니엘서를 사용하사 엘리야의 사역에 대해 내게 가르쳐주셨다. 나는 하나님의 방식이 너무나 좋다!

2009년, 나는 급성장하고 있던 캔자스 시티 국제 기도의 집의 주야 기도 운동에 깊이 관여하여 캔자스 시티에 살고 있었다. 당시 많은 선임 리더들이 주님의 산을 이해하기 위해 우리의 영을 재촉해야 한다는 느낌을 갖기 시작했다. 다른 무엇보다 우리는 그것이 우리의 삶을 하나님과 그 분의 목적에 대한 더 큰 계시의 활주로로 만들기 위해 40일 금식으로 부르시는 것임을 감지했다.

어느 날, 캔자스 시티 국제 기도의 집의 CEO인 대니얼 립을 기도실에서 만났는데 이렇게 말하는 것이었다. "루, 이번 40일 금식은 당신에게 엘리야 금식이야. 당신의 자연적, 영적 자녀들에게 갑절의 축복이 풀어지는 것이지. 당신의 세대적 금식인 거야." 나는 이 말을 듣고 특별히 동요되었는데, 수년간 주님께서 내가 스스로의 사역을 통해 얻을 수 있는 그 어떤 것보다 영적 자녀들을 위해 기도할 때 훨씬 큰 열매가 있을 것이라고 내게 말씀하셨기 때문이었다. 내가 그 말씀에 얼마나 잘 순종했는지 몰랐지만, 신성한 주님의 순간임에는 틀림이 없었다.

금식보다 하루이틀 앞서, 내 배에 수술을 받는 꿈을 꾸게 됐다. 이 꿈에서 깨어난 뒤 다니엘 1장을 묵상하게 됐다. 다니엘과 세 친구가 바벨론에서 잔치에 참여하지 않고 오히려 금식에 헌신하는 모습이 나오기 때문이었다. 나는 주님께서 내 식욕을 통제하여 다니엘과 같은 금식의 삶을 살고, 갑절의 돌파를 자녀들에게 전해주며 하나님의 말씀으로부터 더 높은 수준의 계시를 체험하라고 말씀하심을 감지했다.

그 꿈에 대해서 누구에게도 이야기하지 않았지만, 나는 너무나 마음이 동하여 40일간 물만 먹으며 금식하러 다른 네 명과 함께 숲 속으로 들어갔다. (조언 한 마디: 물만 먹으면서 금식하려면, 냉장고로부터 멀리, 멀리 떨어지는 게 좋다!) 금식 중반에 줄리 마이어라는 예언적 중보자가 이메일을 보내 왔는데, 내가 금식을 하면서 잠이 들어 있는 모습을 봤다는 꿈 이야기였다. 갑자기 다섯 천사가 내 방에 들어오더니 내 배에 수술을 했다는 것이다. 수술 중에 천사들은 다니엘서를 가지고 거기에 불을 붙이더니, 내 뱃속에 봉인했다는 것이었다. 즉시로 장면이 바뀌었다. 줄리는 수많은 젊은 남녀가 내게로 몰려들었는데 그들이 입은 티셔츠에는 이렇게 써 있었다고 했다. "**우레의 아들.**"

이것이 내게 어떤 의미인지 들어보라. 금식하는 아버지들에게는 갑절의 축복이 있는 자녀 세대를 풀어줄 수 있는 독특한 능력이 있다. 이것이 엘리야의 생애를 통해 배우는 위대한 교훈이다. 이상하게도 그것을 분명히 보기 위해 내게는 다니엘과의 만남이 필요했다! 한 세대가 그 다음 세대로 하여금 그 충만한 유업 안으로 들어올 수 있는 값을 치를 때, 하늘과 땅은 추가적으로 몇 도 더 맞아떨어진다. 회로가 닫히고 성령께서 능력으로 역사하신다. 그러한 때에 문화적으로 견고하게 자리잡은 죄의 거대한 사이클들이 그보다 더 큰 구속의 사이클에 삼켜지게 된다.

이제 모세와 엘리야가 주관하는 두 개의 커다란 성경적 사이클을 살펴보기로 하자. 둘 다 금식이 영적 자녀를 풀어놓는다는 원리를 특징으로 한다.

엘리야부터 시작할 것이다. 말라기가 모세의 영이 아닌 엘리야가 **와야만** 한다고 분명히 말씀하고 있기 때문이다.

엘리야의 원형

지금껏 단 두 명의 사람만이 죽지 않았다. 바로 에녹과 엘리야다. 예수께서도 죽음을 맛보셨는데 말이다! 그러나 엘리야는 불 마차가 나타나서 회오리 바람으로 붙들려 올라갔다. 마치 하나님께서 미래의 어떤 필요에 의해 예약해 두셨던 것처럼 말이다. 유대 학자들은 이 사실에 주목하여, 엘리야 생애의 사건들이 미래의 약속들에 대한 틀을 형성했다고 믿는다. 즉, 엘리야가 하늘로 올라간 것은 돌아오기 위함이고 그가 올 때는 그 생애의 특정 사건들을 반영하게 되리라는 것이다. 유대 학자들은 엘리야가 단순히 독특한 역사적 인물이 아니라 살아있는 예언이라고 이해했다.

그 때문에 "엘리야 운동"이 모범적인 것이다. 예수께서도 그렇다고 말씀하셨다. 사실 유대인들에게 말씀하시며, "만일 너희가 받아들일 수 있다면" 엘리야가 세례 요한이라는 사람으로 **이미** 돌아왔다고 말씀하셨다. 우리는 이러한 이해를 우리 시대로 확장하여야 한다. 예수께서 재림하실 것이기 때문이다. 그러므로 세례 요한이 머리가 된 엘리야 운동의 예비적 역할은 왕의 귀환이 이뤄지기까지 완전히 끝날 수 없다.

어쩌면 더욱 흥미로운 부분은 유대인 아버지들이 또한 엘리야의 사역의 모든 단계와 국면들이 **지침의 일부**라고 이해했다는 것이다. 예컨대, 엘리야는 죽은 아이를 살려냈지만 이후에 죽은 민족을 살려낼 것이다. 엘리야는 바알의 선지자들과 맞서 갈멜 산에서 위대한 승리를 이뤄냈지만, 그것의 결과가 무엇인가? 이세벨은 너무나 강력한 복술로 맞서, 이 위대한 선지자 엘리야가 죽고 싶도록 만들었다. 이것이 엘리야가 주는 지침의 단계다. 왜냐하면 우리가 보겠지만, 하나님의 더 깊은 전략으로 직접 인도해 주기 때문이다.

열왕기상 19장에서 갈멜 산의 영웅 엘리야는 갑자기 기가 꺾여 낙담한 엘리야로 나타난다. 엘리야가 조울증이라고 생각할지도 모르겠지만, 사역을 하는 사람이라면 감정적, 영적 절망의 가장 깊은 골이 가장 큰 승리의 바로 뒤에 따라온다는 것을 이해할 것이다. 아직도 나라가 아합과 이세벨의 지배 하에 있었던 때에, 지친 엘리야는 "광야로 들어가 하룻길쯤 간다(4절)." 그리고는 하나님께 죽게 해 주시라고 구하더니 로뎀 나무 아래 눕는다. 그리고는 천사와의 만남이 두 번 이어진다. 먼저 하나님께서 초자연적으로 빵과 물의 식사를 마련해주신다. 그리고 그 힘으로 그를 40일의 여정에 내보내신다. 두 번째 만남에서 선지자 엘리야는 시내 산으로 향한다[3].

바로 시내 산에서 모세는 떨기 나무 속의 하나님 음성을 듣고 그분의 언약의 이름 여호와를 알게 됐다. 후에 이 산 꼭대기에서 이뤄진 40일 금식 가운데 그는 율법의 언약뿐만 아니라 기름 부으신 그의 영적 아들 여호수아를 받게 된다. 엘리야는 만남의 장소인 바로 이 곳으로 인도 받아서, 하나님의 음성과 비전의 새롭게 하심을 받는다. 영광스러워 보이지만 쉬운 일이 아니다. 하나님의 산은 광야로 둘

---

[3] — 호렙 산은 시내 산에 나중에 붙여진 이름이다.

러싸여 있다. 많은 경우 가장 높은 만남의 장소들에 이르기 위해서는 시험장을 거쳐야 한다. 엘리야는 광야를 40일 동안 먹을 것 없이 다니며 깨달음의 자리에 이르기 위해 산을 올랐다. 모세에게는 여호수아가 있었지만, 대부분 격리되어 활동한 외로운 떠돌이 선지자 엘리야에겐 그런 아들이 없었다.

아들을 얻으라

이 때 모세가 등장하는 것이다. 모세에겐 왜 아들이 필요했을까? 자신이 약속의 땅에 들어가도록 허락받지 못했고, 자신을 대신하여 땅을 차지할 리더십의 **상속자**가 필요했기 때문이었다. 성경은 여호수아가 이미 전쟁 가운데 이스라엘을 이끌고 있었음에도 그가 약속 안으로 이스라엘을 끌고 들어가기에는 뭔가 중요한 것이 빠져 있었음을 시사하는 듯하다. 그 답은 여호수아가 모세와 함께 산에서 보낸 시간에 나타난다.

여호수아는 네 가지 흥미로운 면에서 두드러진다. 두 가지 주목할 만한 이유는 그 자체로 여호수아에게 민족을 이끌 자격을 주진 않는다. (1) 약속의 땅을 취하기 위한 최초의 시도에서 여호수아는 믿음으로 그 땅에 들어간 단 두 명 중 하나였다. (2) 그는 능숙하고 용감무쌍한 전사였다. 이것들은 중요한 리더십의 자질이지만, 모세에겐 단순히 좋은 리더보다는 더 진실된 영적 상속자가 필요한 것이었다. 그래서 40일 금식을 하고 하나님을 만났던 시내 산 등반 때, 모세는 여호수아만 데리고 갔다.

사실 모세는 하나님의 임재 가운데 **두 번**을 금식했다. 40일을 연속으로 두 번 말이다(신 9:9, 18 참조). 하나님의 영광이 그 위에 머물러, 그의 얼굴이 너무나 강렬하게 빛을 발하기 시작할 때까지 말이다. 마침내 산에서 내려왔을 때, 그 영광은 너무나 빛나 사람들이 두려워하여 그에게 수건으로 얼굴을 가려야 할 정도였다(출 34:30). 하나님의 영광이 밝히 드러났는데도 이스라엘의 믿음 없는 자손들은 불평하고 투덜대며 그 만남을 피하기를 선호했다는 것이 도저히 이해가 안 된다.

허나 여호수아는 두려워하지 않았다. 그는 리더로서 산을 올랐다가 아들로서 내려왔다. 영혼이 거룩해져서 돌아와 다른 이들을 매료시켰던 것이다. 이것을 알 수 있는 것은 모세가 회막을 떠났을 때, **여호수아는 머물렀기** 때문이다(출 24:12-14, 33:7-11). 역동적이고 살아있는 하나님과의 실제를 향한 굶주림이 40일 금식을 통해 전이된 것이었다.

이것이 중대한 이유는 마지막 두 가지 면에서 민족의 리더로서 그의 궁극적 역할을 위해 여호수아가 준비한 비밀을 볼 수 있기 때문이다. (3) 여호수아만 모세와 함께 산/금식/영광의 체험을 했다. (4) 그는 후에 자신만의 하나님 체험을 갖기 위해 회막에 머물렀다. 그 과정 중에, 비록 성경이 명시하고 있진 않지만, 여호수아는 모세의 영적 상속자 즉 갑절의 축복을 받는 원형이 됐으리라 믿는다.

그는 산 위에서 한 금식의 열매였다.

그러나 우리는 더디 배운다. 그래서 하나님께서는 반복적으로 역사하시며, 계시가 우리 심령을 때리기를 기다리신다. 엘리야는 이제 동일한 산 위에서, 또 한 번의 아들 됨의 전수를 준비하며 서 있다. 이번에는 엘리사에게 전수해 주기 위한 것이다. 물론 엘리야는 금식 과정 중에 이런 것들을 알지 못했다. 그렇지만 이 세부 사항을 놓치지 말라. 처음부터 엘리야는 이전에 광야에 **하루**만 갔었다. 잘한 것이지만 결코 충분히 잘했다고는 할 수 없다. 우리 중 많은 이들이 단 "하루" 정도의 깊이가 있는 수준의 승리를 얻는다. 하루, 이틀, 닷새의 금식은 잘하는 것이지만 마지막 때에 필요한 장대한 수준의 정복을 위해서는 더 긴 길을 따라야 할 수도 있다. 갑절의 축복을 받는 자녀를 양육함으로 땅을 취하는 부모가 되기 위해선 말이다. "이에 [엘리야가] 일어나 먹고 마시고 그 음식물의 힘을 의지하여 사십 주 사십 야를 가서 하나님의 산 호렙에 이르니라(왕상 19:8)."

40일이다. 모세는 산 **위에서** 금식을 했다. 엘리야는 산으로 가는 **길에서** 금식을 했다. 어느 쪽이든 산을 오른 것이다! 하나님을 얻었다. 엘리야는 이스라엘의 무거운 언약적 혈통, 조상들의 꿈을 호렙 산에 가져갔다. 너무나 감당하기 어려운 것이었다. 그는 자신이 실패했다고 결론을 지을 수밖에 없었다. 이스라엘의 수고, 무력, 그리고 배교가 강력한 구름처럼 굴러 내려왔다. 그러나 무언가가 일어나고 있었다. 곧 다가온 그 답은 간단한 것이었다. 선지자가 아버지가 되어야 했던 것이다.

그러나 아직은 때가 아니었다.

갈멜 산의 불과 엘리야가 받은 아버지로의 부르심 사이에는 **금식**

이 있다. 이 논점을 놓쳐선 안 된다. 그 시사하는 바가 막대하기 때문이다. **영적 DNA의 복제가 금식에 담겨 있다.** 이는 작게(한 사람 엘리야로) 시작할지 모르지만, 세대를 타고 내려가면서 그 여파는 배가된다. 마치 가계도와 같이 말이다. 금식의 능력은 기하급수적으로 늘어난다. 내 모든 자녀와 자녀들의 자녀들이 평균 3-4명의 자녀를 낳으면, 우리 부부는 100명 이상의 증손주를 얻게 될 것이다! 숫자는 감당할 수 없이 커진다. 그러니까 추수를 위해 기도할 때, 세대 그 자체가 추수임을 깨달아야만 한다.

목소리를 내라!

이 특권은 부모들을 위해 따로 예비해 두신 것이다. 외로운 예언적 전사들은 그것을 성취할 수가 없다. 솔직해 보자. 엘리야의 "호렙 산 이전 사역"과 같은 것을 이력서에 쓰지 않으려 할 사람이 누가 있겠는가? 그러나 그 때까지 엘리야의 사역이 너무나 위대했던 만큼, 혼자 하는 효용성은 민족적 효용성으로 크게 전달되지 않았다. 새로운 전략이 필요했다. 하나님께서는 엘리야의 낙심을 통해 들을 준비가 되게 하신 것이다.

여러 가지 면에서 장기 금식은 단순히 하나님의 음성을 듣기 위한 준비라고 할 수 있다. 호렙 산에서 엘리야가 동굴에 숨었던 것같이, 하나님의 음성은 은은하고 조용하게 임한다. 그 음성은 불이나 바람, 지진 속에 있었던 것이 아니다. 하나님의 음성은 그 모든 것보다 강하다. 엘리야만 새로워질 수 있다. 자, 우리의 사역은 어떤 면에서는 성공하고 다른 면에서는 실패하게 되어 있다. 음성이 능력보다 더 중요하다는 것을 깨닫게 하도록 말이다. 그리고 자녀가 성공보다 더 중요하다는 것도. 40일 금식을 통해 엘리야는 이 계시를 받기 위한 준비를 치르고 있었다. 갈멜 산에서 막 내려온 엘리야는 여전히 또 하나의 크고 눈부신 예언적 징표를 찾고 있었다. 하지만 축소시키긴 말라. 안심하고 조용하라. 아이러니컬하게도 은은하고 작은 소리는 엘리야가 듣는 데에 도움이 되었다.

가서 엘리사에게 기름을 부으라. 아들을 찾아 그에게 여러분을 쏟아 놓으라.

이것이 하나님의 탁월하심이다. 강하신 엘 샤다이, 산의 하나님께서 불이나 바람, 지진으로 임하셨다면, **그것이야말로** 우리가 세대를 내려가며 전할 이야기다. "엘리야와 하나님의 거대한 지진!" 반대로 하나님께서는 깔끔하게 모든 초점을 메시지 자체에 두고 계신다. 속삭이실 경우도 많기 때문에, 귀를 바짝 기울이는 게 좋다.

성령께서는 말라기의 예언을 통해 많은 능하고 존귀한 성도들을 사용하사 그리스도보다 앞서 임할 존재를 묘사하실 수도 있었다. 우리에게 기적의 운동이 필요한가? 모세가 나타나야 한다! 꿈 꾸는 자의 운동이 필요한가? 요셉이 나타나야 한다! 공의의 운동이 필요한가? 노아가 나타나야 한다!

분명 엘리야는 표적과 이사 가운데 행한 두려움 없는 중보자였다. 그러나 어쩌면 그는 사역하는 이들이 거의 배우지 못하는 더 어려운 교훈의 본을 보이기 위해 왔을지도 모른다. **우리의** 비전은 충분치 않다. **우리의** 사역은 충분치 않다. **우리의** 소명은 충분치 않다. 우리의 것, 우리의 것, 우리의 것. 갈멜 산보다 더 밝은 영광으로 빛나더라도, 그만큼 빠르게 사그라질 것이다.

그게 아니다. 자녀들을 얻어야 한다.

이는 자연적인 면에서나 영적인 면에서나 필수적인 것이다. 젊은이들 속에 자신을 쏟아 붓고 있지 않다면 원대한 사역을 시작하려고 하지 말라. 아버지와 같이 그들을 돌보는 것이 그 운동을 돌보는 것이다. 문화는 세대 간의 전수를 통해 변화된다. 그렇지 않으면 우리는 리더들을 세우기만 할 것이다. 모세는 이것이 충분치 않음을 알고 있었다. 고아의 영으로는 아버지 하나님과 연결될 수가 없다.

이러한 엘리야의 사역의 차원을 흔히 해석할 때, 그가 실패하고 낙심하여, 사실상 소명을 잃어버리고 자신이 받은 소명을 다른 이에게 주시라고 주님께 보채고 있었을 것이라고 본다. 엘리야는 낙심했는가? 그렇다. 잘못된 방법에 자신감을 투자했던 것이 주된 이유였다. 하나님께서는 그의 낙심을 이용하사 승격을 시켜주셨다. 방법이 업그레이드 된 것이다. 아들 하나를 얻은 엘리야는 자신의 임무를 성취할 수 있게 되었다! 자, 하늘로부터 불이 내려오게 하는 것은 하나님께 아주 쉬운 일이다. 그러나 자녀를 세우는 일에는 인간적 투자가 요구된다.

엘리야에서 엘리사로

시간이 걸리겠지만, 이는 사실 민족을 위한 전환점이다. 앞으로 나아갈 길은 엘리야가 고독과 기적으로부터 자녀와 번성으로 전진하는 것이다. 그러므로 금식은 엘리야가 들을 수 있도록 준비해줬고, 듣는 귀는 그가 번성할 수 있도록 이끌어줬다. 엘리야는 홀로 시작했지만 40대에 그는 효율성이라는 다음 단계로 올라갔다.

"엘리야가 거기서 떠나 사밧의 아들 엘리사를 만나니 그가 열두 겨릿소를 앞세우고 밭을 가는데 자기는 열두째 겨릿소와 함께 있더라. 엘리야가 그리로 건너가서 겉옷을 그의 위에 던졌더니(왕상 19:19)."

엘리야는 더 이상 외로운 선지자가 아니었다. 메시아의 오심은 이와 같은 패턴이 우리 안에서 재생산되어야 한다고 지시한다. 세례 요한 안에 있던 엘리야의 영이 예수의 오실 길을 준비했다. 마찬가지로 엘리야의 영은 미국 전역의 부모들로 하여금 마지막 갑절의 영광이신 하나님의 아들 예수그리스도를 맞이하도록 세대 전체를 준비시키도록 압박하고 있다.

다음 장에서 우리는 금식이 하늘의 전투와 이 땅에서 억눌린 자들을 해방시키는 데에 얼마나 강력한 도구인지를 보게 될 것이다. 그러나 여기서 요점은 다음 세대를 인식하고 그들의 목적 가운데로 풀어놓는 수단으로서의 금식을 아는 것이다. 나는 낚시를 하는 사람이기 때문에 "잡았다가 풀어준다"는 말이 더욱 의미 있게 다가오는데, 바로 그 말이 여기에 적용된다. 어떤 곳에서는 낚시를 할 수 있지만 물

고기가 너무 작으면 놓아줘야만 한다. 보내주고 더 자라도록 해야 한다. 금식은 잡았다가 놓아주는 형태라고 할 수 있다. 어린 것을 잡을 때는 목적을 갖고 잡지만, 그것이 충만한 목적 가운데로 자라갈 수 있도록 놓아준다. 많은 우레의 아들들이 아버지가 금식하고 불러주기를 기다리고 있다.

오, 우리에겐 이 영역에서 눈을 가릴 수 있는 안대가 필요하다! 전 세계 그리스도의 몸이 시대의 압박을 다루는 데에 요구되는 폭넓고 장기적이며, 개관적인 시각으로 볼 수 있게 될까? 다니엘 1장의 메시지를 이해할 수 있을까? 바벨론 문화 가운데서 금식한 다니엘을 말이다. 우리는 열방을 흔들어 놓을 목소리를 가진 또 다른 세대를 낳기 위해 40일간 조상들과 같은 금식으로 들어갈 수 있을까? 그것은 가능한 일이며, 우리의 의무이자 반드시 될 일이다. 하지만 시간이 지나 봐야만 알 수 있으리라.

바알에 맞선 엘리야는 영광스러웠지만, 엘리사 선지자와 기름 부으심을 받은 예후 왕이 실제적인 일을 한 것이다. 그들을 통해서만 마침내 이세벨을 멸할 수 있었다. 그뿐만 아니라 성경은 엘리야가 벧엘에서 진정으로 교훈을 얻고 선지자 무리(더 많은 아들들!)에게 더 큰 영향을 미칠 수 있었음을 암시한다. 유대 전통에 따르면, 오바댜와 요나 모두 이 무리에 속해 있었다고 한다. 얼마나 더 많은 사람들이 회오리바람에 휩쓸리기 전에 하나님의 음성을 듣고 주님의 말씀을 민족에게 전하는 자신들의 사명을 접하게 되었을까?

우리의 전투가 승리하든 패배하든, 그 결과는 여러 세대에 걸치게 됨을 이해해야 한다. 역사를 통해 반복적으로 증명되었듯 빠르게 타오르는 부흥은 결코 충분치 않다. 한 세대가 부흥을 쏟아 부어주시는 체험을 할 수도 있지만, 바로 다음 세대에 잃어버릴 수가 있다. 우리에겐 빠르게 타오르는 부흥과 천천히 타오르는 아버지 역할 **둘 다** 있어야 한다.

하나님께서는 여러 차례 반복적으로 내 삶을 엘리야의 관점에서 사용하셨다. 기도 가운데 내가 마음에 갈망한 바나 이 시대의 바알 숭배에 도전하고자 하는 내 영혼의 경향을 따라서만이 아니라, 영적 자녀들을 일으키고자 하는 하나님께서 주신 갈망 가운데 말이다. 내가 어느 정도 효과적이었든 간에, 금식을 하면 은혜가 배가되는 역사가 있는 줄로 믿는다. 그 좋은 예가 앞장에서 소개한 40일 미네르바 금식을 하던 중에 전에 보지 못한 영적 충만으로 향하는 통과 의례가 된 것이었다. 내 인생이 더 열매가 많아졌을 뿐 아니라, 그보다 더 의미심장했던 것은 내가 생명을 전수해줄 수 있는 은혜를 받았던 것이었다. 그 금식을 통해 나의 직접적 우레의 아들들이 개시한 수많은 국내와 해외의 부흥이 일어났으며, 또 정의 운동도 나타났다. 그들은 내 DNA를 받고 개혁을 주창할 만큼 영향을 받았던 것이다. 많은 이들이 문화에 도전하고 바벨론 한가운데에 회복을 일으키는 강력한 사역들을 개시했다.

당연히 이 젊은 리더들이 만들어진 데에 내가 독점적인 "아버지 권리"를 주장하는 것은 아니다. 내가 여러 사람들의 영향을 받은 것과 같이 그들도 그랬을 것이다. 하지만 그들에게 물어본다면, 그들이 세운 선교 사역과 그 방법의 근본적 이해를 갖춰준 금식의 아버지라고 나를 지목할 것이다.

그것이 DNA다! 나의 DNA는 신성한 국가적 과제Divine National Assignments다. 그리고 내 모든 영적 자녀들도 이것을 어느 정도 지니고 있다. 내 삶에 열매가 가득하다면, 나는 금식이 다른 이들 가운데 갑절의 축복을 풀어주는 모태가 되었기 때문이라고 믿는다. 나는 새로운 큰 무리의 젊은이들이 일어나 금식과 중보라는 오랜 도구를 되찾을 것이라고 믿는다. 그러나 그 중 다수가 아버지들이 자신을 찾아주기를 기다리고 있다! 홀로 남겨졌다면 나는 결코 이것을 기대할 수 없었을 것이다. 그러므로 내가 자랑한다면, 하나님의 놀라운 역사를 자랑할 수밖에 없다. 내가 이야기하는 것 이상으로, 나의 순종은 대단하거나 강하지 않았으며 오히려 작고 한심했다. 그러나 이 금식이라는 감춰진 차원은 40일 금식이 중대한 세대 간의 연결 고리임을 내게 확신시켜 줬다. 이것이 감춰져 있는 이유는 금식에 헌신하고자 할 때에만 그 풍성한 열매를 발견할 수 있기 때문이다. 금식은 자녀 신분을 키워주기 때문에 전수되는 것이다.

개혁의 바통

세대 간의 전수에 있어 선호할 만한 성경적 본은 모세-여호수아, 엘리야-엘리사가 보여준 것과 같은 즉각적이고 직접적이며, 대단히 관계적인 모델이다. 그러나 역사는 금식한 아버지들이 자신들이 직접적으로 선혀 모를 수도 있는 다른 자녀들을 낳음을 보여준다. 우리는 아주사 개혁 이전부터 이어진 자취에서 이것을 볼 수 있다. 하나님께서는 믿음의 남은 자 없이 결코 이 땅을 내버려두지 않으신다. 그러므로 우리가 현재 암흑기라고 부르는 시대에도 개혁의 불의 선도자들은 유럽 전역에서 불꽃을 피우고 있었다.

1300년대에 흑사병이 아이슬랜드부터 인도까지를 휩쓸며 인구의 1/3을 쳤다. 그 세기의 후반에 르네상스가 시작되었고, 그 후 약 150년간 문화와 예술, 과학, 지정학, 종교 가운데 기념비적 전환들이 일어났다. 토마스 아 켐피스, 코페르니쿠스, 다빈치, 미켈란젤로, 콜롬버스의 신대륙 처녀 항해까지. 말 그대로 신세계가 떠오르고 있었다. 약 1천년간 이어져 온 어둠으로부터 깨어난 것이었다.

흑사병이 영국 인구의 절반가량의 목숨을 앗아가고 있을 때, 존 위클리프가 잉글랜드에서 출생했다. 성인이 된 위클리프는 그리스도 안에서만 찾을 수 있는 공의에 대해 설교하기 시작했다. 또한 그는 라틴어에서 영어로 성경을 번역하여, 신성한 성경을 평민들의 토착어로 바꿨다는 이유로 로마 가톨릭 교회의 격노를 샀다. 그는 개혁의 새벽별이라는 이름으로 불리고 있는데, 그의 작업이 다가올 여명을 알리고 루터의 길을 밝혔기 때문이었다.

위클리프 탄생 41년 이후에 얀 후스가 옛 모라비아(현재의 체코 공화국)에서 태어났다. 체코어로 거위를 뜻하는 이름을 가진 후스는 교황의 권위 대신 성경을 택하고, 모라비아의 베들레헴 성당 문에 "6개 오류"를 못 박기까지 했다. 화형대에 끌려가고 있던 중에 후스는 루터가 올 것을 예언하며 이렇게 선포했다. "너희는 지금 거위를 불태울 것이다. 그러나 1세기 내에 너희는 구울 수도 끓일 수도 없는 백조를 맞게 될 것이다[4]."

독일에서 마르틴 루터가 태어났을 때는 이탈리아 피렌체에서 사보나롤라라는 이름의 배교한 성직자가 예언한 개혁이 이뤄지고 있었다. 집중적인 금식 기도에 헌신한 사보나롤라의 체력은 끝없는 배고픔과 통곡의 날들로 인해 완전히 고갈되었고, 그는 성직자들과 교황의 부패에 대해 하나님께 부르짖고 있었다. 이것이 루터의 종교개혁이 등장한 시대적, 유산적 배경이다.

후스가 순교한 지 100년 후, 루터는 후스가 이미 지목한 6개의 오류에 89개를 더하여, 유명한 95개조 반박문을 독일의 비텐베르크 교회 문에 망치로 내려쳤다. 바위와 조약돌이 아닌 망치와 못으로 시작된 이 불은 유럽 전역에서 일어나 오늘날까지 꺼지지 않았다.

후스는 위클리프의 저작을 읽었다.

루터는 후스와 사보나롤라의 작품들을 읽었다.

이것이 중요한 이야긴데, 그 읽는 과정 중에 루터는 **자신을 발견**했다! 실제로 그의 가문의 문장에 백조가 들어있었던 것이다! 독일 사제인 루터는 자신이 후스의 예언의 성취가 될 수도 있다는 생각으로 의식 있게 움직였다. 갑절의 축복을 받은 아들, 여러 개혁의 역할을 맡은 상속자였던 것이다. 이러한 면에서 루터는 개혁의 바통을 이어

---

4 — John Foxe 〈Foxe's Book of Martyrs〉 (Philadelphia: E. Claxton and Co., 1881), 170쪽.

받을 만큼 개혁 운동을 일으키진 않았다. 그런데 자신보다 앞서 온 이들보다 더 멀리 뛰었다.

이제 여러분이 이 책을 읽고 있다. 스스로 자문해 보라. 이 이야기에 자신의 모습이 보이는가? 루터는 후스에게 지명 받지 않았다. 단순히 백조로 묘사되었을 뿐이다. 상징적인 언어만을 받은 그는 믿음으로 행할 수밖에 없었던 것이다. 계시는 명시적인 확증이기 보다 상징적 초청일 때가 많다. 그리고 이것이 우리에겐 기쁜 소식이다. 왜냐하면 여러분은 이 책을 읽을 뿐 아니라 책 속으로 들어갈 수 있다는 뜻인 것이다!

그렇게 할 때 주의해야 한다. 루터와 같이, 역사의 가장 강력한 부싯돌을 무시하지 않아야 한다. 위클리프, 후스, 사보나롤라는 엄청나게 금식했다. 이 조상들이 그처럼 강력한 기름 부으심이 있는 개혁의 아들을 낳은 것도, 루터가 그 힌트를 이해한 것도 당연하다. 루터는 또한 평생 정기적으로 금식했다. 이 패턴이 보이지 않는가?

수세기 후, 루터의 독일은 루터교 사제인 요한 크리스토프 블룸하르트라는 사람의 관리 하에 또 한번 강력한 부흥을 맞는 땅이 된다. 블룸하르트는 뫼틀링겐이라는 마을에서 강력하게 활동하던 무당에 맞설 수밖에 없었다. 어둠의 세력에 맞설 능력이 부족함을 깨달은 블룸하르트는 마침내 낙심하며 금식 기도에 헌신했다. 결국 사탄은 축출되었고 사람들은 해방되고 성령의 위대한 역사가 도시 전체를 휩쓸었다. 앤드류 머레이는 이 본에 큰 영감을 받고, 부흥에 너무나 갈급하여 독일까지 가서 블룸하르트를 만났다.

머레이의 작품들은 핵심 리더이자 웨일즈 부흥의 주요 리더였던 이반 로버츠의 자매인 제시 펜 루이스에게 지대한 영향을 미쳤다. 웨일즈 부흥(1904-1905)은 1906년에 일어난 아주사 부흥에 바로 앞서 일어났다. 이렇게 이야기는 이어진다.

처음부터 끝까지의 패턴

금식의 패턴은 항상 있어왔다. 하나님의 전략은 부흥에 대한 요청(기도)과 주님의 임재를 더욱 원하는 진정한 갈망(금식)을 결합시키기 때문이다. 이 1-2 결합은 둘 중 하나가 홀로 산출할 수 있는 것보다 훨씬 강력하여, 겸손과 복종의 합체를 이뤄내고 거기서부터 성령께서 쉽게 역사하실 수 있게 된다. 많은 부흥 역사가들이 주목한 바와 같이, 불현듯 나타나는 충만한 부흥의 불타오르는 열기 이전에 국지적 부흥이 나타나는 것이 전형적이다. 어깨 너머로 지나고 보는 것보다 우리 주변에 실시간으로 나타나는 이 불꽃들의 존재를 인식할 수 있다면 얼마나 더 귀중하겠는가? 오늘 말이다. 그렇다면 함께 뜻을 모아 연료와 산소를 더할 수 있을 것이다.

최초의 세계 선교 운동이 안디옥 교회로부터 탄생되었던 것을 생각해 보라. 그들은 "주님을 섬기며 **금식**했다(행 13:2)." 우연일까? 초대 교회는 또한 1-2세기를 이어가며 1주일에 이틀씩 금식했다. 폴리캅(주후 110)과 테르툴리아누스(주후 210) 등의 인물들은 금식을 개인적 성결의 강력한 도움이라고 묘사했다. 그 다음 세기에조차, 살라미스의 주교 에피파니우스는 이런 기록을 남겼다. "전세계적으로 그리스도인들이 매주 넷째 날과 여섯째 날 금식한다는 것을 모르는 사람이 어디 있는가? (오늘날 우리는 그와 반대되는 질문을 해야 할 것이다. "그리스도인들이 혹시라도, 언제 금식하는지 아는 사람이 어디 있는가?")

모든 위대한 개혁의 리더들은 금식했다. "마르틴 루터는 금식을 너무 많이 하여 비판받았다. 장 칼뱅은 제네바 도시 대부분이 회심하기까지 금식 기도했다. 그리고 집안에 한 명이라도 기도하는 사람이 없는 집이 없었다[5]." 고통과 불편에 대해 불평하긴 했지만, 루터는 계속해서 금식을 이어나갔다. 왜냐하면 금식이 그의 내면에 굉장한 기도의 영을 불러일으켰기 때문이다. 존 녹스는 스코틀랜드의 매리 여왕이 추방되기까지 금식했다. 성공회 주교인 라티머, 리들리, 크랜머 등은 모두 예수를 위한 순교자로, 꾸준히 금식하며 기도했다.

위대한 잉글랜드의 청교도 운동 역시 기도와 금식으로 일어난 것이다. 약 100년 후에 나타난 감리교 운동도 마찬가지다. 이 기간에는 조나단 에드워즈, 데이비드 브레이너드, 요한 웨슬리, 찰스 스펄전 등이 있었다. 자신의 일 가운데 성령의 임재가 사그라드는 것을 인식할 때면, 찰스 피니는 3일 밤낮으로 다시 금식을 하며 성령의 능력에 대해 민감성을 재차 새롭게 했다[6]. 웨슬리에 대해서는 매주 금식일을 지키지 않으면 저주와 욕을 더 많이 할 것처럼 느꼈다고 한다. 이와 동시에 "인도와 티베트의 성 바울"로 알려진 위대한 전도자 사두 선다 싱은 40일 금식을 하며 그 과정 중에 하나님께서 아름답도록 가까이 계시다는 심오한 개인적 계시를 받았다. 1857년부터 1958년까지 기도 부흥이라고 알려지게 된 뉴욕부터 오하이오, 캐나다까지 이어진 역사는 기도와 금식으로 지켜진 것이었다. 미국 남북 전쟁 중에 남부군 가운데서 부흥이 일어났는데, 그 곳에도 기도와 금식이 "잦고 열렬했었다[7]."

2차 세계 대전의 암흑 같은 날들 가운데 웨일즈의 사랑받는 중보자 리즈 하월즈 자신의 성경 학교 학생들을 기도와 금식을 통한 막대한 권세의 자리로 이끌었다. 그들의 기도는 말 그대로 역사를 바꿔놓았다. 전쟁의 향방을 바꿔놓았던 것이다. 브리튼 전투 가운데 가장 절정이라 할만한 전환점들 여럿은 하월즈와 그의 학생들이 가장 애써 기도한 전투들이었다. 그리고 기도가 아니고는 그처럼 예기치 못한 승리의 결과를 설명할 근거가 없다.

여러 차례, 반복적으로 나타난 것이다. 금식한 우리의 선배들은 따라올 다른 이들을 위해 길을 개척했을 뿐 아니라, 자신들의 세대에 부흥을 위한 촉매 역할을 했다. **역사라는 토양 가운데 어떠한 부흥의 씨앗을 뿌렸는지** 이해가 되는가? 여러분은 이러한 이야기 가운데 초

---

5 — Elmer L. Towns 〈Fasting for Spiritual Breakthrough〉 (Bloomington, Minn.: Bethany House, 1996), 196쪽.

6 — Wesley L. Duewel 〈Touch the World Through Prayer〉 (Grand Rapids, Mich.: Zondervan, 1986), 95쪽.

7 — 기도와 금식은 "[에드워즈의] 생애를 특징지었다. 그는 기도와 금식 가운데 여러 날을 보냈다." McDow와 Reid 〈Firefall〉 211쪽. 듀월은 그가 "강단에 설 힘이 없을 정도가 되기까지의 극단적인 금식을 했다"고 기록한다. 〈Touch the World〉 95쪽.

대되는 것이다. 왜냐하면 금식 가운데 엘리야의 영은 지난 세대들의 수고— 메시지와 기름 부으심— 로부터 온 역할을 낳는다. 그것은 장래 세대 가운데 부흥의 자녀들을 불러온다. 취하라! 받아들이라! 그들과 함께 금식으로 들어가라. 계속해서 나아가되, 홀, 프린스, 브라이트… 그리고 지금까지 향해 가라.

우리는 왜 그리스도의 지혜에 저항할까? 그 분께서 당신을 위해 금식하셨을 뿐 아니라, 우리에게 금식을 명하셨는데 말이다. 금식은 항상 하나님의 전략이었지만, 옛적 많은 이들이 다니지 않은 길처럼, 우리 앞에는 잡초들이 마구 자란 채로 있다. 동시에 우리는 부흥을 부르짖는다. 예수 운동을 구한다.

우리가 하나님을 기다리고 있을까, 주님께서 우리를 기다리고 계실까?

불신을 전하지 않도록 주의하라

다음 이야기로 넘어가기 전에, 모두가 수긍할 만한 경고를 하겠다. 조상들의 영적 DNA와 전통들은 이후 세대들에 의해 믿음으로 행해져야 한다. 이러한 것들을 아는 것으로는 충분치 않다. **행해야만** 한다. 홀은 이를 알고 있었다. 〈원자력적인 하나님의 능력〉에서 홀은 차가운 유신론적 "경건의 형태"를 개발하는 것이 얼마나 위험한지에 대해 옳게 경고한다. 무력함을 정당화하고 신성한 만남들을 실질적이고 직접적인 체험이 없다고 설명해 치워버리게 되는 것이다. 이런 경우, 조상들은 다음 세대에게 불신의 바통을 넘겨주는 것이나 다름없다! 우리는 다음 세대를 넘어뜨릴 수 있는 신학적, 실험적 거치는 돌을 두지 않도록 유의해야 한다.

> 금식의 부족은 큰 "배도"와 "첫 사랑을 잃어버림"의 이유가 된다. 왜냐하면 사람은 영혼의 무장보다 "자연적 욕구"를 더 신경쓰기 때문이다. 사람들은 마태복음 17장 혹은 마가복음 9:29에 나타난 그리스도의 믿음의 공식에 대한 온전한 패턴을 따르지 못했다.… 사도들의 시대 이후 교회는 무력해졌고 결국 치유의 시대가 끝났다는 말을 하기 시작했다. 기적들은 더 이상 임하지 않는다고 한 것이다.… 금식하고 기도하고, 하나님과 더불어 기적과 치유를 행할 능력을 가졌던 옛적 사람들은 죽거나 순교 당했다. 젊은 세대는 이 금식을 더 이상 사용하지 않게 됐다[8].

흔히 말하듯, 어떤 것들은 배우는 것보다 저절로 익혀지는 게 있다. 이 때문에 나는 금식하는 아버지들로부터 금식하는 아들에게로 전수되는 영적 유산의 원칙에 대해 자세히 설명하는 데에 그토록 많은 시간을 들였다. 금식과 기도는 체험적 바통을 상징한다. 간단히 말하면, 단순한 지식이 아닌 **더 전수가 잘 되는 것들**을 말한다. 가르침이 중요하지만, 하나님과의 체험은 성문화하기가 어렵다. 다음 세대에 전수할 것을 이메일로 할 수 없다. 교회는 가르침들이 가득하여 머리가

---

8 — Hall 〈Atomic Power〉 19쪽.

무거울 수 있다. 그 중 다수는 피를 믿음으로 동요시키는 것이 아닌 단순히 진정시키는 것인데 말이다.

웨슬리 듀웰은 이렇게 썼다. "우리에겐 성령의 에너지로 된 행동이 필요하지만, 육적인 자아는 말을 선호한다. 금식fasting의 때이지만, 우리 민족은 잔치feasting를 선호한다[9]."

금식은 새로운 세대를 일으킬 뿐 아니라 믿음에서 믿음으로 그들을 도약시킨다.

---

9 — Duewel 〈Touch the World〉 96쪽.

| 8 |

천상에 전쟁을 개시하라

> 머리를 사료 자루에 집어넣는 자는 보이지 않는 세계를 보고자 소망할 수 없다.
>
> • 아부 알 가잘리 (1058-1111년경) •

11세기 후반의 페르시아 무슬림 신비주의자가 금식을 이해할 수 있다면, 왜 우리라고 못 하겠는가? 시간과 때를 움직이기 위한 금식의 능력은 전쟁의 기능과 같다. 하지만 먼저 우리는 전쟁의 실제성을 이해해야 한다. 아니면 결코 승리에 헌신할 수 없을 것이다. 사료 자루는 서구 교회가 실제를 인식하는 방식을 비극적으로 둔하게 만들었다.

역사가 주권적이며 그것을 멈출 수 있는 실질적 능력이 원수에겐 없음을 알지만, 사탄은 그럼에도 불구하고 하나님의 목적을 **지연**시키고 성도들을 낙담시키는 데에 능수능란한 모습을 보여 왔다. 여러 차례 반복적으로, 그는 자신의 모든 세력을 모아 자연적 상황으로 영특하게 가장한 여러 영적 장애물을 통해 신성한 것을 와해시키려 한다. 자신의 계략을 인간들이 인식하지도, 저항하지도 못하게 만들기 위해서다. 시간이 지나면서 귀신의 전략들은 하나님께서 현재 하고 계신 일을 애매하게 만들고, 주님의 백성은 왜인지도 깨닫지 못한 채 낙심한다. 그러다가 어느 날 목적 의식이나 믿음도 없이 살아가고 있는 자신을 발견하게 되는 것이다. 이런 분위기 안에서 많은 그리스도인들은 그냥 육적 애정에 깊이 빠지든지 수동적으로 천국의 안식이 어려운 인생들에게 결국 공의와 위안을 주기를 기다린다. 이것이 **보이지 않는** 전쟁의 전사자 수다. 다니엘서가 그 베일을 거둬주지 않았다면 우리가 결코 이해하지 못할 영적 역동성인 것이다.

개인과 단체의 수준에서 다니엘은 우리 시대의 거대한 전쟁에 맞설 수 있도록 우리를 훈련해 준다. 〈보좌를 향하여〉에서 폴 빌하이머는 나아가 이렇게 설명한다.

[교회]가 극복의 기술을 배우도록 하기 위해, 하나님께서는 믿음의 기도라는 무한히 지혜로운 프로그램을 지정하셨다.… 이것은 구속 계획 가운데 하나님의 목적이다. 새로운 탄생이라는 수단을 통해 전혀 새롭고 독특한 종자들 그렇지만 주님의 아들의 복제품과 같은 존재를 생산하는 것이다. 그와 함께 주님께서는 당신의 영광과 주권을 나누신다. 그리고 그는 왕족의 자손들을 이루고 주님의 영원한 나라의 통치 및 행정단을 구성한다[10].

---

10 — Paul Bilheimer 〈Destined for the Throne〉 (Fort Washington, Pa.: Christian Literature Crusade, 1975), 15쪽, 37쪽.

영적 전쟁 속의 돌파

다니엘의 기도와 금식에 대한 규칙은 거룩한 천사장들과 사탄인 "바사왕국 군주" 사이에 전쟁을 일으킨다(단 10:13 참조). 이 보이지 않는 영적 존재는 이 본문에서 어두운 꼭두각시 주인으로 묘사된다. 바사의 지상 왕들의 줄을 당기며 그들이 유대인들에 반대되는 부정적 정책들을 펴도록 영향을 미친 것이다. 자기 백성 이스라엘의 문제에 깊이 우려한 다니엘은 이 상황에 대한 지혜를 얻기로 마음을 먹는다.

분명 "유대인들은 단순한 인간적 반대와 바사 왕의 지상 법정에서 적대감을 마주했던 것이 아니라 천상계에서 역사하는 강력한 영적 존재들과 마주했던 것이었다[11]." 악마적 동시성이 인간의 능력과 사탄의 능력 가운데 확립되었고, 그것을 깨뜨리지 않으면 하나님의 계획은 교착 상태에 빠질 것이었다. 21일간의 영적 전투 후에 하늘로부터 천사장이 이스라엘을 지키는 천사장 미가엘의 도움을 받아 악한 바사왕국 군주를 인간 왕들에 대한 영향력의 자리로부터 몰아냈을 뿐 아니라, 그를 대신할 영향력을 얻었다. 그러자 천사장이 하늘로부터 메시지를 가지고 다니엘에게 왔다.

"다니엘아, 두려워하지 말라. 네가 깨달으려 하여 네 하나님 앞에 스스로

---

11 — English Standard Version Study Bible (Wheaton, Ill.: Crossway Bibles, 2007), notes on Daniel 10:13.

겸비하게 하기로 결심하던 첫날부터 네 말이 응답 받았으므로 내가 네 말로 말미암아 왔느니라. 그런데 바사왕국의 군주가 이십일 일 동안 나를 막았으므로 내가 거기 바사왕국의 왕들과 함께 머물러 있더니 가장 높은 군주 중 하나인 미가엘이 와서 나를 도와 주므로."
— 다니엘 10:12-13

주석계의 고전을 남긴 제이미슨, 포세, 브라운은 게세니우스를 인용하여 **"내가 거기 바사왕국의 왕들과 함께 머물러 있더니"**를 "내가 지배력을 행사할 수 있는 위치를 얻었다"고 번역했다. 전쟁터에서 바사 왕들에 대해 승리자로서 승리를 유지했다는 의미[12]. 이것이 맞다면, 천사가 인질로 잡힌 위기와 같이 보인 것이 사실은 반란군 특수기동대 작전이었다는 것이다. 분명히 메시지는 하늘로부터 땅으로 전달되어야 했고, 그래야 두 영역이 같은 뜻으로 움직일 수 있었던 것이다. 다니엘은 자신의 때에 감춰진 예언을 이해하고자 했지만, 효과적으로 기도할 수 있으려면 그에겐 신성한 첩보가 필요했다. 그 위대한 사업을 위해, 하늘로부터 자원들이 풀어졌을 뿐 아니라 그 명령을 취소시키기 위한 사탄의 전략들도 쏟아졌다. 금식 가운데 능력의 균형이 역전된 것이다. 앞서 지연되었던 천사 메신

---

12 — Robert Jamieson, Andrew Robert Fausset, and David Brown 〈A Commentary, Critical and Explanatory, on the Old and New Testaments〉 (Glasgow, Scotland: Queen's Printer, 1863), 670쪽.

저는 하나님께서 신임하시는 중보자에게 나아갔고, 하나님의 계획은 진척될 수 있었다.

문맥을 더 깊이 살펴보기 위해 조금 거슬러 올라가 보자. 한 장 앞서 다니엘은 "책을 통해" 예언된 회복의 때를 이해했다. 앞서 예레미야는 이스라엘 민족이 바벨론에서 70년의 포로 생활을 해야 할 것이라고 선포했다(렘 29:10). 그러니까 다니엘은 단순한 선지자였을 뿐 아니라, **기도를 목적으로** 예언을 공부하는 사람이었다. 그는 하나님의 친구였다. 중보 가운데 다니엘은 천사의 심방을 통한 신성한 첩보의 흐름 속으로 들어갔고, 다니엘에게 첩보를 전달하기 위해 천사가 사용한 문구를 보면, 이 사람을 향한 하나님의 특별한 애정이 드러난다. "**큰 은총을 받은 사람이여, 두려워하지 말라. 평안하라. 강건하라. 강건하라. … 내가 어찌하여 네게 왔는지 네가 아느냐?**(단 10:19-20)" 또 이렇게 말했다. "**다니엘아, 내가 이제 네게 지혜와 총명을 주려고 왔느니라. 곧 네가 기도를 시작할 즈음에 명령이 내렸으므로 이제 네게 알리러 왔느니라. 너는 크게 은총을 입은 자라**(단 9:22-23)."

성경 전체에서 이처럼 다정하고 존중이 담긴 언어는 다니엘에게만 독특하게 주어졌다. 시대에 대한 이해를 가지고 여호와의 조언 가운데로 들어가며 하늘의 뜻이 땅에서도 이뤄지도록 만들기 위해 금식과 기도에 헌신하는 모든 중보자들에 대한 하나님의 특별한 인정을 강조하는 모습인 것이다. 다니엘은 기도의 생활에 스스로 헌신했다. 하루에 세 번씩 수십 년간 기도했는데, 포로 기간 내내 그렇게 했을 가능성도 있다. 이제 신성한 순간 속으로 들어간 다니엘은 하늘로부터 받은 이 새로운 이해를 불가피하게 기념해야 할 것만으로 여기지 않고 지상에 충만하게 계시되기까지 금식과 기도로 다퉈야 할 대상으로 받아들였다. 계시는 참여를 요구한다. 예언의 말씀은 참여에 대한 초대이지, 단순한 기념용이 아니다.

"주 여호와께서는 자기의 비밀을 그 종 선지자들에게 보이지 아니하시고는 결코 행하심이 없으시리라 (암 3:7)." 하나님께서는 선지자들에게 비밀을 드러내시는데, 그것은 그들이 평형 감각 가운데 알도록(단순한 인식) 하기 위함만이 아니요, 동의하고 다투며, 기도하고 믿고, 나아가 다른 이들을 동원하여 기도의 통치적 기능 속으로 풀어놓도록 하기 위함이다. "만일 그들이 선지자이고 여호와의 말씀을 가지고 있다면…**만군의 여호와께 구하여야 할 것이니라** (렘 27:18)."

다니엘은 받고 풀어주는 이 거대한 임무에 신실한 사람이었기 때문에, 큰 은총을 받은 자리에 섰다. 이것을 아는 성경은 풀어지는 말씀과 함께 다니엘이 예언들에 숨을 불어넣기를 천사장들이 기다리고 있음을 계시해준다. 사람이 하늘의 포고와 뜻을 같이 할 때, 하늘은 풀어지는 말씀을 승인하고자 기다린다. 이것은 심오한 진리! 기도는 시대와 제국 전체를 전환시키는 천사의 능력을 실제로 배치하는데, 여기엔 저항이 적지 않다. 그러므로 우리가 하나님의 계획과 합력하여 금식하고 기도할 때, 천상에서 전쟁을 개시하는 것이다. 마이크 비클은 이렇게 이야기했다. "천사와 사탄의 권세들은 열방의 자연적 권세 구조 위에 존재한다. 다니엘은 기도와 금식 가운데 하나님과 뜻을 같이 함으로 사탄의 권세에 맞서 싸웠다[13]."

천사들이 움직일 준비가 되어 있고 그렇게 하고자 하는데, 우리가 다니엘처럼 생각하고 행동하지 않기 때문에 어떤 천상의 파견 센터에 묶여 있다면 어떻겠는가? 다니엘의 금식과 기도는 나비 효과를 일으킨 듯하다. 그리고 그로 인한 천사들의 움직임이 하나님의 백성에 대한 제국 전체의 정복 정책을 갑자기 바꿔놓았다. 이것은 어떻게 된 것일까? 어떻게였는지는 나도 모르지만, 그렇게 역사가 일어나는 것은 확실히 안다. 2004년 7월에 있었던 일을 들어보라.

RAF를 일으켜라

2004년 7월에 나는 미국 전역에서 미국 공군사관학교와 북미 대공 방위 사령부가 있는 콜로라도 주 콜로라도스프링스에 50명의 젊은이들이 모여들었을 때, 기도의 지정학적 능력에 대한 강력한 확증을 받았다. 하나님께서는 우리에게 낙태의 종결과 낙태에 반대하는 판사들을 임명할 낙태 반대 대통령의 선출을 위하여 기도하라는 아주 명확한 지시를 하셨다. 50일 기도의 초반에 나는 학생들에게 다니엘의 21일 금식에 대해 가르쳤다. 다니엘 10장으로 강의를 한 뒤, 나는 그 젊은이들에게 담대한 선포로 권고했다.

---

13 — Mike Bickle 〈Growing in Prayer〉 (Lake Mary, Fla.: Passio, 2014), 102쪽.

"여러분은 RAF(Royal Air Force), 왕립 공군입니다! 윈스턴 처칠이 RAF에 대해 했던 말을 사람들이 여러분에게 하게 될 것입니다. '그처럼 많은 사람들이 그처럼 적은 사람들에게 그처럼 많은 빚을 진 적은 없었습니다.' 여러분은 다니엘이 승리했던 것과 같이 금식과 기도를 통해 대선에 대한 영적 전투를 승리해야만 합니다. 낙태를 반대하는 대통령이 선출된다면 이 집중적인 기도의 때에 여러분은 하늘에서 영적 전쟁에 승리했음을 알게 될 것이고, 낙태를 찬성하는 대통령이 선출된다면 패배했음을 알게 될 것입니다. 이 선거의 영향을 받게 될 수천 명의 아직 태어나지 않은 아기들을 위하여 이 선거에 대해 기도로 승리하는 것이 여러분의 책임입니다."

많은 이들은 영국 왕립 공군이 남긴 위대한 유산을 잊어버렸다. 2차 세계 대전 중이었던 1940년 여름과 가을, 독일 루프트바페가 대영제국에 대한 공습을 벌였는데, 이는 브리튼 전투로 알려지게 되었다. 이는 공군이 전적으로 맞서게 된 최초의 주요 공습이었고, 그 때까지 가장 규모도 크고 오래 지속된 공폭이었다[14].

이 큰 전투 이전에 처칠 총리는 여러 세대의 운명이 왕립 공군 군인들의 손에 달려있다는 선언을 했었다.

프랑스 공방전은 끝났다. 나는 브리튼 전투가 시작될 것으로 본다. 이 전투에 기독교 문명의 생존이 달려 있다. 적의 분노와 힘 전체가 곧 우릴 향해 쏟아질 것이다. 히틀러는 섬나라인 우리를 섬 위에서 이기지 못하면 전쟁에 패배할 것을 알고 있다. 우리가 그에게 맞서면, 유럽 전체가 자유로워지고 전세계의 생명이 넓고 햇빛 비치는 고지대로 나아갈 수 있을 것이다. 그러나 우리가 실패하면, 미국과 우리가 알고 사랑했던 모든 것들을 포함하는 전세계가 새로운 암흑의 시대라는 심연 속으로 빠질 것이다. 그러므로 분기하여 우리의 임무를 다하자. 영국군과 영연방이 천년 동안 존속된다면 사람들은 말할 것이다. '그 때가 그들의 전성기였다[15].'"

말할 필요도 없이 절실한, 운명의 시간이었다. 히틀러는 모든 적들을 부서뜨리는 전광석화 같은 전격적 블리츠크리크로 유럽 전체를 황폐케 만드는 데에 성공한 상태였다. 프랑스가 항복한 뒤 유럽 점령을 완수하는 데에 있어 남겨진 주요 장애물은 브리튼이라는 외로운 섬이었다. 그의 길을 막고 있는 단 하나는 브리튼의 지상군이 아닌 공군이었다. 루프트바페가 공중에서 우위를 차지할 수 있음이 확실해지자 히틀러는 어떤 것도 자신의 전쟁 기계가 유럽을 휩쓰는 것을 막을 수 없다고 생각했다.

인원수도 무기수도 부족한 RAF 비행사들은 우세한 루프트바페에게 덤벼들었다. 수일, 수주 동안 순직한 수백 명의 용감한 비행사들

---

14 — "The Battle of Britain," History.com, http://www.history.com/topics/world-war-ii/battle-of-britain.

15 — Winston Churchill, "Their Finest Hour," Speech to the British House of Commons, June 18, 1940, http://www.winstonchurchill.org/resources/speeches/1940-the-finest-hour/their-finest-hour.

덕에 RAF는 막대한 공습을 견뎌내고 있었다. 수적으로 우세했음에도 불구하고 독일군은 공중에서 전혀 우위를 차지하지 못했다. 막대한 손실이 있은 후 독일은 잉글랜드를 패배시킨다는 군사적 목표를 포기할 수밖에 없었다. 이것은 전쟁의 전환점이 되었다.

처칠은 RAF의 충격적일 정도로 헌신적인 모습에 너무나 감동을 받아, 주체를 하지 못하고 이스메이 장군에게 눈물을 터뜨릴 뻔했다. "내게 말 시키지 마시오." 그는 말했다. "이런 감동은 처음이오." 이후 처칠은 하원 의원들 앞에서 그들을 기렸다. "인간 분쟁의 역사상 이렇게 많은 사람들이 이렇게 적은 사람들에게 이처럼 큰 빚을 진 것은 처음입니다[16]."

바로 이 발언을 콜로라도스프링스에 모인 젊은이들에게 인용하며 나는 브리튼 전투가 시작되었을 때 처칠이 표현한 감정을 더욱 상기시켜주고자 했다. "미국의 미래가 여러분 손에 달렸습니다. 이 선거에 대한 공중의 우위를 여러분이 장악해야 합니다."

하나님께서 역사를 다스리신다는 것은 모든 그리스도인들이 아는 사실이다. 그러나 주님께서 기도하는 이들에게 그러한 통치권을 위임하심을 믿는 사람은 훨씬 적다. 두려움으로 인해 우리는 역사를 하나님의 목적 안에 고정된 것이 아닌 인간의 손으로 주조할 수 있

---

16 — Winston Churchill, "The Few," Speech to the British House of Commons, August 20, 1940, http://www.winstonchurchill.org/resources/speeches/1940-the-finest-hour/the-few.

는 것으로 만들어 신성한 주권을 깎아내린다. 느부갓네살 앞에서 하나님께서 "때와 계절을 바꾸시며 왕들을 폐하시고 왕들을 세우시는(단 2:21)" 분이라고 간증한 다니엘을 보라. 이것이 후에 다니엘이 다리오 왕과 고레스 왕 시대에 금식과 기도로 쓴 경영 신학이 된 것이다. 하나님께서 때를 **바꾸신다**는 것이다.

그렇게 밤낮으로 이어진 경배와 기도의 날들 47일째에 나는 데이비드 매누얼을 만났다. 그는 미국의 역사 가운데 나타난 하나님의 섭리에 관한 3권짜리 탁월한 책을 공저한 사람이다. 나의 RAF 예언에 대해 아무 이야기도 하지 않은 채, 그에게 동일한 젊은이들에게 강의를 해 달라고 부탁을 하게 됐다. 메시지 종반에 그는 갑자기 이야기를 시작했는데, 그것은 분명 예언의 말씀이었다. "여러분은 RAF입니다!" 그 곳에 모인 젊은 중보자들에게 그렇게 말한 것이다. "역사상 이처럼 많은 사람들이 이처럼 적은 사람들에게 이처럼 많은 빚을 진 적은 없습니다!" 강의실 전체에 충격파가 울려 퍼지고 있었다. 그 젊은이들은 자신들의 인생이라는 작은 창으로부터 더 위대한 순간을 만들어내고 있음을 이해했다. 하늘이 우리의 호소를 들었고, 이제 역사가 만들어지기 직전이었다.

판사들과 대통령들

동일한 기간 중에 우리 팀원으로서 내가 사랑하는 영적 아들인 브라이언 킴이 낙태를 종결시키기 위해 기도하던 중 다니엘 금식에 헌신했다. 브라이언은 고기와 당류를 2년 동안 완전히 금식했는데,

2004년에 낙태 반대 대통령이 선출된 이후 우리의 임무를 완수한다는 차원에서 그는 주님께 다니엘 금식을 계속해야 한다고 분명히 확정해주지 않으시면 자정에 금식을 끝내겠다고 말씀드렸다. 그날 저녁, 공부를 하기 위해 도서관으로 걸어가는 중에 브라이언은 처음 만나는 유대인 젊은이를 보게 되었다. 그 젊은이는 자기 소개를 했다. "안녕하세요, 제 이름은 다니엘 패스트Fast('금식'을 뜻하는 영단어)입니다."

이 이야기를 들으면 모두가 경악을 금치 못하는데, 나는 이것이 그저 자연스러운 일이라고 본다. 하나님께서 소리치고 계셨던 것이다. "이런 종류의 약속을 하늘에서는 아주 존귀히 여긴다! 성결과 기도의 자리에 머물러 있으라! 너희는 천사와 사탄들을 움직이고 있으며, 너희의 기도가 선거에 영향을 미치고 있는 것이다!" 결국 브라이언은 사람들이 입에 **생명**이라는 단어가 쓰여 있는 빨간 테이프를 붙이고 있는 꿈을 꾸게 됐다.

우리는 이것이 신성한 첩보, 그리고 전략이라고 느꼈다. 그래서 우리는 그 꿈을 실행하기 시작했다. 워싱턴 DC의 대법원 건물 맞은편에 기도의 집을 시작했고, 소리 내지 못하고 태어나지 못한 채 살해당한 아기들과 동일시한다는 상징으로 우리는 입에 피처럼 붉은색의 "생명의 테이프"를 붙이기 시작했다. 이것은 다니엘이 21일이라는 기간 중에 어떠한 기름도 바르지 않음으로(단 10:3) 금식을 강화했던 것과 같은 취지였다. 억압받는 자들과 동일시하고 비정의의 피해자들과 공감하는 것은 금식의 강력한 요소다. 학자들은 이 기름이 사막에서 건조한 피부와 관련하여 많은 통증들을 완화시켜주는 역할을 했던 것으로 보았다. 본질상 다니엘은 이렇게 말한 것과 같다. "우리가 떠나야 할 때라면, **나는 편안하게 머무르고 싶지 않다**! 예레미야는 우리가 집에 갈 수 있다고 말했으니 나는 그것을 믿는다. 우리 민족은 포로 상태에 있다. 우리에겐 기분을 좋게 해주기 위한 기름이 있다. 하지만 나는 기분이 좋아지고 싶지 않다! 나는 예루살렘을 회복하고 싶다!"

이러한 "동일시하는 중보"의 방식은 2차 세계 대전 기간 중 웨일즈에서 위대한 중보 사역을 했던 리즈 하월즈가 보여준 기도의 모델에 중대한 것이었다. 우리가 작은 RAF라는 무리를 형성한 것은 기도와 생명의 테이프를 통해 태어나지 못한 아기들과 동일시하는 현대의 리즈 하월즈 단체를 모델 삼은 것이었다. 오늘날, 이러한 침묵의 시위는 어떠한 말이 전달하는 소리보다 더 크게 미국 수도에서 울려 퍼지고 있다. 이것은 신성한 첩보였다. 우리는 기도하고 들었고, 꿈을 실행했다. 그리고 10년 동안 그렇게 해 왔다. BBC가 처음으로 우리의 "조용한 포위"를 다뤘을 때 그들은 이렇게 말했다. "저희가 본 시위 중에 최고입니다!"

나는 이렇게 대답했다. "이것은 시위가 아니라 기도 모임입니다."

끝에 가서 우리의 임무는 달성되었다. 강력한 낙태 반대 대통령 조지 부시가 재선에 성공한 것이었다. 그러나 그것이 다가 아니었다. 우리는 또한 낙태에 반대하는 판사들이 임명되도록 기도하고 있었다. 한 자매가 존 로버츠라는 사람이 차기 대법관으로 신문의 혹평을 받는 꿈을 꾸었을 때 아무도 그 이름을 들어본 적이 없었다. 그것은 사람이 아닌 하나님께로부터 잉태된, 궁극의 내부 정보였다. 그 계시는 참여를 부르고 있었고, 우리 팀은 존 로버츠를 위해 기도하기 시작했다. 믿을 수 있는가? 다시 말하지만, 우리는 **믿어야만** 한다.

부시 대통령은 두 명의 강력한 낙태 반대 판사들을 임명했다. 존 로버츠와 새무얼 얼리토였다.(얼리토에 대해서도 주목할 만한 꿈을 받았지만, 지면 상의 이유로 생략해야겠다!) 2003년 이래 부분출산 낙태는 더 이상 합법이 아니고, 낙태 통계는 거의 전반적으로 감소 중인 것으로 나타난다. 2015년 5월 현재 미국 하원에서는 통각태아 낙태금지 법안을 통과시켰는데, 이는 임신 20주 이후에 어떠한 낙태도 허용하지 않는 법안이다. 이것은 죽음의 문화에 있어 또 하나의 주요한 후퇴를 의미한다. 이러한 변화에 대해 입양 운동, 임신 위기 센터, 시민단체 및 정치 단체 등 많은 노력이 있었지만, 우리는 기도가 때와 계절을 바꾼 근본적 동력이라고 믿는다.

하나님께서는 내 인생에 임무를 주셨다. 곧 천상에서 악한 영적 세력에 반대하는 돌파를 위해 장기 금식 기도에 헌신할 세대를 일으키는 것이다. 이 일이 일어날 때, **에클레시아**는 이전에는 이길 수 없었던 곳들에 하나님 왕국의 승리를 가져오기 시작할 것이다. 악한 인간의 심령 속에 교묘히 만들어진 가장 단단하고 가장 어두우며, 가장 있음직하지 않은 요새들에 말이다. **에클레시아**가 하나님 나라의 승리를 강요한다는 개념은 중요한 계시다. 왜냐하면 마태복음 16:18에서 예수께서 세우겠다고 약속하신 교회가 지옥 문을 묶고 풀고, 승리한다며 전쟁을 배경으로 계시되기 때문이다. 예수 당시 모든 도시에는 **에클레시아**가 있었다. 해당 도시의 통치 위원회였다. 그 이름은 궁극적으로 예배와 가르침을 위해 모인 성도들의 공동체에도 붙여졌지만, 그것은 단순한 일요일 예배가 아니었다. 기도를 통한 성도들의 통치 행위였다. 딘이 쓴 〈에클레시아가 온다〉에는 이런 부분이 있다.

> 마태복음 16:18에서는 하나님께서 지구 상에 또 하나의 정권을 설치하시는 모습이 나온다. 다른 누구보다 주님께 책임을 다하고 충성할 정부인 것이다. 그리스도 예수의 말씀 "나의 에클레시아"에 내포된 의미는 모든 타락한 인간 정부와 악한 정사政事에 대한 위협이다. 제자들은 이를 이해했지만, 제자들의 이해로는 충분치 않다. 우리가 이해해야만 한다. 우리는 이 임무에 대해 전례 없는 궤도적 위치에 있어야 한다.… 우리의 헌장이 어긋날 때, 하나님의 계획은 시동이 꺼지게 된다. 그것은 마치 의회에서 제정한 법이 결코 대통령 책상에 이르지 못하는 것과 비슷하다[17].

꿈의 우회

좌초된 계획은 마치 폭파되지 않은 폭탄과 같다. 이 이야기를 하려니, 이번 장을 쓰는 중에 있었던 또 하나의 "처칠의 순간"이 떠오른다. 2장에서 딘이 꾸었던 꿈에 대해 이야기를 했다. 장기 금식 기도가 추수를 풀어놓는 원자력을 갖고 있다는 것을 극적으로 계시해준 꿈 말

---

17 — Dean Briggs 〈Ekklesia Rising〉 (Kansas City, Mo.: Champion Press, 2014), 120쪽, 129쪽.

이다. 폭파 직후에 거대한 전도가 전세계적으로 일어나기 시작했다. 하늘은 메시지를 전했고 땅에서는 기적들이 일어났다. 다니엘은 왜 이런 역사가 일어나는지를 이해할 수 있도록 우리를 도왔다. 금식은 귀신의 억제나 방해 없이 하나님의 메시지가 인간의 심령을 뚫고 들어올 수 있도록 **하늘을 깨끗하게** 하도록 돕는 전쟁 행위다. 이 땅에서 금식은 성경적 수준으로 표적과 이사를 증강시킨다. 왜냐하면 옛 성경의 길을 따르는 것이기 때문이다.

여호와께서는 나를 흔들어 놓은 놀라운 "우연"의 연속을 통해 이것을 강조해 주셨다. 암스테르담에서 아일랜드까지 갔던 유럽 순회 후에, 딘과 나는 런던에서 다니엘이 금식과 기도를 통해 하늘에서 전쟁을 개시한 방법을 논의하고 있었다. 휴식이 필요했던 우리는 브리튼 전투 벙커를 방문하기로 했다. 윈스턴 처칠이 전투 중에 하루 18시간씩 집무했던 지하 군사 작전실이었다.

나는 불굴의 투지를 가진 처칠이 대영제국에 주신, 세속적 선지자와 같은 존재라고 오랫동안 믿어왔다. 그리고 전쟁에 승리하는 것과 관련하여 교회가 깨닫도록 주신 선지자였다고 본다. 왜냐하면 브리튼 전투는 자연적으로 볼 때 현대 공군의 우월성을 예시하고 있는데, 이는 중보의 그림이기 때문이다. 런던을 돌아다니면서 딘은 처칠Churchill이 승리하는 교회Church에 적합한 이름이라는 계시를 나눠주었다. 왜냐하면 하나님께서 당신의 통치 권세를 펼치시는 것은 시온에 세워진 **에클레시아**가 교회를 통하는 것이기 때문(언덕hill 위의 교회Church)이다. 우리는 높은 곳을 향해야 하는데, 천상의 전쟁은 지상 승리에 필수적이기 때문이다.

좋은 시간을 보낸 우리는 호텔로 돌아가는 길이 차단되었음을 발견하고 말았다. 경찰은 웸블리 경기장 주변 거리의 상당 부분의 출입을 통제하고 있었다. 왜냐하면 그 날 새로운 건설 사업을 진행하던 중에 노동자들이 지하에서 2차 세계 대전 당시에 폭파되지 않은 폭탄을 발견했던 것이다. 경찰은 폭탄이 해체되기까지 폭파 반경 내에 보행자들이 접근하지 못하게 하고 있었다. 다른 여러 거리로 가 봤지만 모두 차단되어 있었다. 우리 호텔은 바로 그 구역 안에 위치하고 있었다.

시간은 늦었고 우리는 피곤한 상태였는데, 또 다음 날이 출국이었다. 그래서 우리는 안으로 들어가기로 결단했다. 우리의 선택은 걸어서 크게 우회하여 가는 것이었다. 경기장 둘레를 완전히 돌아, 최대한 호텔로 가까이 돌아갈 수 있도록. 이야기를 나누며 걷던 바로 그 때, 딘이 내게 핵폭탄 꿈 이야기를 했다. 2003년에 처음 받은 때로부터 고심하고 있었다고 했다. 다시 이야기하자면, 그 꿈에서 그는 들판에 폭탄을 심어두고 폭파를 도운 기술자였다. 마치 그 포인트를 강조하기 위해서인 듯, 우리가 걷던 길은 "기술자의 길Engineer's Way"라는 도로로 이어졌다. 나는 깜짝 놀랐다. 여행을 하던 여러 날 가운데, 처칠의 2차 대전 벙커를 방문했던 그 날에 폭파되지 않은 2차 대전의 폭탄 하나가 우리로 하여금 기술자의 길로 향할 수밖에 없도록 만든 것이다. 너무 늦기 전에 우리가 방으로 돌아갈 수 있도록 말이다. 그리고 이 책의 이 장을 끝내도록 말이다. 하나님께서 말씀하고 계심이 느껴졌다. 딘이 직접 받은 계시와 글은 이 작품을 만드는 데에 중대한 역할을 해 왔다. 세부적인 내용까지도 중요했다. 그 꿈에서 딘은 핵폭탄을 **빙빙 돌고** 있었는데, 런던에서도 우리는 거대한 원을 그리며 걸었던 것이다.

여호와께서는 처칠 시대의 폭탄을 사용하사 교회 무기고의 먼지 덮인 지하에 놓여있던, 폭파되지 않은 커다란 폭탄을 분명히 보여주고 계셨다. 세계 전역을 충분히 덮은 예수님의 금식은 광대하여, 말할 수 없을 규모의 무기다. 내가 기도하는 것은 이 책이 우리가 추수 밭에 그토록 강력한 무기를 심어두는 데에 도움을 주었으면 하는 것이다. 그것이 사람의 심령과 저 위 하늘에서 폭파되기까지 말이다.

바벨론의 선지자들과 기도

오늘날, 우리는 특정 지역들에 남겨진 풍부한 기도의 유산들을 알고 있다. 예루살렘, 아가우눔, 뱅고르, 클뤼니, 헤른후트, 기도원, 캔자스 시티까지. 이 중보의 전초 기지들은 역사에 한 획을 그었지만, 우리에게 주어진 종말적 약속은 "온 땅이 주님을 아는 지식으로 덮일" 것이며 "모든 족속과 방언과 나라"가 "열방을 위해" 기도하는 집을 세울 것이라는 것이다.

우리가 흔히 놓치는 내용은 기도가 단순히 "거룩한 곳들"만을 위한 것이 아니라, 어렵고 어두운 곳들을 위한 것이라는 점이다. 유다가 추방당했던 때에 바벨론은 다니엘이 전적으로 이교적인 문화 가운데 천사들을 파송했던 효과적 중보의 풀무불이 되었다. 이는 우리에게 커다란 믿음을 북돋워 주어야 마땅하다. 개인적으로 내게 큰 의미가 되는 것은 다니엘서가 40일 금식 기간 중 내 뱃속에 예언적으로 인쳐졌기 때문이다. 요엘 2장과 말라기 4장이라는 내 인생의 말씀이 내 인생의 임무를 이해하도록 도움을 주지만, 다니엘 9-10장에 담긴 영적 실제의 역동적 상호 작용만큼 내게 영향을 미친 것은 또 없다. 우리가 구하는 추수는 교회 **안에** 있지 않다. 만약 그랬다면 그것은 이미 우리 소유였을 것이다. 오히려 우리는 바로 바벨론의 문화 가운데서 영혼들을 구해야 한다. 싸움 없이 원수가 그들을 놓아주지는 않을 것이다. 다니엘은 우리에게 타이밍, 계시, 천사와 사탄의 갈등, 그리고 언약적 약속의 역사라는 역학을 가르쳐준다. 이것들은 하나님께서 당신께서 택하신 이들에게 구속을 주시는 도구가 된다.

금식 가운데 많은 이들은 하나님을 바꾸는 것이 아니라 스스로를 바꾸게 된다고 말한다. 당연히 이 말은 대부분의 경우에 맞다. 금식은 분명 하나님께로부터 영적 포인트를 획득하거나 자신의 영적 성숙도를 증명하는 것이 아니다. 데릭 프린스는 "금식은 그리스도인이 성령께로부터 방향과 능력을 받도록 도와준다"고 지적했다[18]. 다시 말해 금식은 전투 자체를 승리하게 해주는 것이 아니다. 오히려

---

18 — Derek Prince 〈Shaping History through Prayer and Fasting〉(New Kensington, Pa.: Whitaker House, 2002), 100쪽.

옳게 실행할 경우 금식은 영혼과 육체를 성령께 복종하도록 해준다.… 육적인 장애물을 제함으로써 금식은 하나님의 약속에 대해 "더 넘치도록 능히 하시는(엡 3:20)" 성령의 전능하신 역사를 위한 길을 마련해 주는 것이다[19].

금식은 사람을 겸손의 위치에 두어, 우리 삶을 향한 하나님의 충만하신 뜻을 더 잘 받아들일 수 있게 해준다. 기도만으로 얻을 수 있는 하나님의 뜻의 그러한 측면들은 마치 빙산의 일각 같은 것이다. 그 충만함은 표면보다 깊은 곳에 감춰져 있다. 금식하는 자를 위한 상으로 마련되어 있는 것이 아니라, 겸손케 된 금식하는 자가 발견할 수 있는 은혜로서 준비되어 있는 것이다.

그 때문에 프린스는 이렇게 말했다. "금식은 하나님이 아닌 사람을 변화시킨다[20]." 또한 브라이트도 이렇게 말했다. "나는 금식만큼 스스로를 회개 가운데 겸손케 하는 좋은 방법을 알지 못한다[21]."

나도 그렇게 생각한다! 그렇지만 다니엘은 기꺼이 하고자 하는 마음에 있어서 독특한 위치에 있었던 것 같다. 너무나 비교 불가하여 천사들이 이미 그의 모든 말에 주의를 기울이고 있었던 것이다. 이미 기도로 준비된 그에게 선수先手는 필요 없었다. 이는 금식의 중요성을 확증해줄 뿐이다. 왜냐하면 다니엘과 같은 사람도 21일 금식에 스스로 헌신했기 때문이다. 왜 그랬을까? 다니엘의 시대에 대한 이해는 기도만이 아닌 다른 수준의 투자를 요구했기 때문이다. 영계의 전쟁이 고조될 때, 때로는 원자력이 요구된다.

충만한 때

패턴을 분별하는 법을 배우라. 영계의 전쟁은 예언 성취의 때가 가까울 때 고조되는 것이 전형적이다. 특히 이스라엘과 관련하여 말이다(11장에서 이에 대해 더 다루게 될 것이다). 성경은 여러 시기가 충만에 이르게 되는 것에 대해 말씀하는데, 여기엔 예수의 초림도 포함이 된다. "때가 차매 하나님이 그 아들을 보내사 여자에게서 나게 하시고 율법 아래에 나게 하신 것은(갈 4:4)."

〈부흥의 이해〉를 쓴 매튜 백홀러는 충만한 때를 이렇게 묘사했다.

일련의 동시다발적 사건들이 하나로 합쳐져, 하나님께서 그 특정 상황을 위해 예비해 두신 모든 것을 열고 푸시는 일을 가리킨다. 다시 말해, 자물쇠의 비밀번호와 같이 하나님께서는 역사의 특정 순간들에 텀블러가 담겨 있도록 미리 정하사, 사람이 직접 신성한 계획과 힘을 합쳐 그것을 열어 모든 영광과 위험성 가운데 그 시간의 충만을 풀어놓도록 하신 것이다[22].

활기차고 기대감 있는 믿음의 반대를 토저는 이렇게 설명했다. "모든 것이 예측 가능하고 아무도 하나님께로부터 전혀 비범한 기대를

---

19 — 같은 출처, 102 - 103쪽.

20 — 같은 출처, 103쪽.

21 — Bill Bright 〈The Coming Revival〉 27쪽.

22 — Sean Smith 〈I Am Your Sign〉에 인용, (Shippensburg, Pa.: Destiny Image Publishers, 2011), 71쪽.

하지 않는 위치에 이를 때, 우리는 판에 박힌 생활을 하게 된다[23]."

시간이 충만해질 뿐 아니라, 요한계시록을 보면 기도의 대접도 충만해진다(계 5:8, 15:7 참조). 구름이 충만해져서 비를 내리는 것과 똑같이, 요한계시록 16장을 보면 기도의 대접이 가득해지자 종말적으로 이 땅을 씻어내는 역사가 시작될 준비를 갖춘다. 친구여, 시간의 충만과 기도의 충만이 마침내 교차하는 날이 이를 것이고, 이로써 **전자가 후자에 달려 있음**을 우리는 이해해야 하는 것인지도 모른다. 그 때에 하나님께서는 지금껏 유례가 없는 규모로 역사하실 것이며, 신자들을 제외한 모든 적그리스도적 사상에 노를 발하사 땅 자체가 씻겨 새롭게 되도록 만드실 것이다.

그 때까지 우리의 임무는 명확하다. 자비를 행하고 사랑 가운데 살며, 정의를 위해 싸우고 주권을 가지고 기도하는 것이다. 항상 기억하라. 세상의 가장 위대한 혁명가는 아무도 죽이지 않으셨다. 돌을 하나도 던지지 않으셨으며 깃발을 불태우거나 폭동을 계획하지도 않으셨다. 사형 선고를 받으시고, 투쟁이나 반항 없이 사형대로 향하셨다. 사랑과 겸손, 섬김의 능력은 과소평가될 수 없다. 모든 제국과 문명보다 오래 지속되고 왕들에게 감동을 주며, 사회를 변혁시킨 혁명을 탄생시킨 분은 모든 이들의 종이셨다. 우리에게 필요한 혁명은 고함 지르는 시위대의 혁명이나 성난 그리스도인들의 폭동이 아니다. 온유와 순교, 금식과 기도의 혁명인 것이다. 우리는, 가장 어두운 억압 가운데서도, 스스로의 생명을 내려놓아 다른 이들이 그리스도의 빛을 발견하도록 돕는 것이다.

이러한 면에서 우리가 하는 중보의 범위는 너무 심각하게 작아졌다. 평균적으로, 기도를 조금이라도 하는 사람이라면, 우리 가족과 직업, 이웃을 축복하는 예의 바른 조그마한 기도가 전부다. 물론 이것들도 위대한 기도 제목이다. 저격 총이나 수류탄이 백병전에서 좋은 무기인 것과 마찬가지다. 하나님께서는 우리와 우리 자녀들, 이웃의 삶을 축복하길 원하신다! 그러나 금식과 기도라는 도구는 하나님의 핵무기고에 있는 것이다. 원자력은 **전쟁을 종결 짓는다**. 프랭클린 홀은 이렇게 말했다. "금식은 말 그대로 기도하는 그리스도인들에 대한 기도가 되며, 재래식 폭탄과 원자 폭탄만큼 차이가 큰 기도가 된다[24]." 빌 브라이트는 더 강력하게 풀어주었다.

2차 세계 대전 중에 미군은 일본을 침략하면 수백만이 죽을 테지만, 전쟁의 결과는 여전히 알 수 없는 상태일 것임을 알았다. 갑자기 트루먼 대통령이 원자탄을 투하했다. 그리고 전쟁은 즉각 종결되었다.

하나님의 섭리 가운데 나는 기도와 연결된 금식의 능력이 역사 가운데 우리 때에 주어진 영적 원자탄과 같다고 믿는다. 악의 요새를 무너뜨리고 미국에 위대한 부흥과 영적 각성을 가져오며, 지상 명령의 성취를 가속화시키기 위해서 말이다[25].

---

23 ― A. W. Tozer 〈Rut, Rot or Revival〉 (Camp Hill, Pa.: Christian Publications, 1992), 5쪽.
24 ― Hall 〈Atomic Power〉 23쪽.
25 ― Bright 〈The Coming Revival〉 16쪽.

우리는 높이 우뚝 솟은 기업으로 초대 받았다. 하나님의 원수들이 있는 둘째 하늘을 씻어내고 하나님의 지식에 반대하여 세워진 모든 높은 것(사탄적 사상)을 무너뜨리기까지 말이다(고후 10:5). 하늘은 성도들의 금식 기도 가운데 움직인다. 이것은 하나님의 에클레시아의 가장 높은 소명이다. "하나님의 다차원적 지혜가 이제 에클레시아를 통해 천상의 통치자와 권세자들에게 알려지는 것이다(엡 3:10)."

그들을 치료하라

다가올 날들 가운데 우리는 이 능력을 크게 필요로 할 것이다. 천상의 더 큰 권세를 위해서만 아니라, 이 땅에서도 말이다. 요한계시록 12장에 묘사된 바와 같이, 마지막 때의 세대는 다니엘과 같은 수준의 공중 최고 권세를 받아, 사탄조차 그 위치를 잃고 지상으로 내쳐지게 될 것이다. 이 때문에 다니엘 10장과 요한계시록 12장은 상호 해석을 위한 하나의 종말적 본문으로 맞아떨어지는 것이다. 나는 이것이 부분적으로 우리가 이 두 본문에서 전쟁 중의 미가엘이 언급된 것만 보기 때문이라고 생각한다. 그런데 그것도 의미가 있다.

여기서 승리의 시점도 간과해서는 안 되는데, 사탄이 천상으로부터 "지상으로 내던져진" 때에 " 하늘에 큰 음성이 있어 이르되 이제 우리 하나님의 구원과 능력과 나라와 또 그의 그리스도의 권세가 나타났다(계 12:9-10)"고 말씀하기 때문이다. 어떤 면에서 사탄의 마지막 파문은 지상에 더 큰 문제들을 일으킬 것이다. 뒤이어 이렇게 말씀하고 있기 때문이다. "땅과 바다는 화 있을진저 이는 마귀가 자기의 때가 얼마 남지 않은 줄을 알므로 크게 분내어 너희에게 내려갔음이라(계 12:12)." 아이러니컬하게도 사탄이 지상에서 크게 분을 내는 것은 사실 더 큰 추수를 위한 환경을 조성하게 된다. 왜냐하면 요한계시록 12장에서 승리하는 동일한 기도 운동이 자동적으로 마태복음 17:21의 약속과 연결되어, 귀신의 억압을 받던 큰 무리의 사람들에게 급진적인 구속을 전할 능력으로 나타날 것이기 때문이다.

마태복음 17:21은 무슨 말씀인가? 그 내용을 알겠지만, 이것이 마헤쉬 차브다의 이야기와 어떻게 맞는지를 보여주겠다. 그는 치유와 축귀 사역 가운데 강력하게 행한 진정한 금식의 아버지였다. 차브다에게 장기 금식은 단순한 제자훈련과 자기 절제의 때가 아니었다. 그러니까 단순히 **먹지 않으면서** 기도하는 것이 아니었다는 말이다. 위에 설명했듯, 그리스도의 승리에 대한 계시 가운데, 금식은 성령 안에서 **믿음**으로 전쟁하는 것이다. 돌파가 일어나는 것은 믿음이 풀어지기 때문이다. 그 전체적 범위를 다루는 것은 이 책의 목적을 벗어나겠지만, 장기 금식은 하나님의 영광에 대한 계시, 갑절의 축복을 받은 자녀들의 놓임, 개인적 사명에 대한 명확성, 악령의 방해 제거, 원수와의 성공적인 대면을 위한 **추진력** 등 하나님의 백성에게 간절히 필요한 여러 특징들을 낳는다. 그리고 이런 것들보다 결코 소홀히 다뤄지지 말아야 할 것이 악령이 주는 중독과 고통을 깨뜨리는 것이다.

〈기도와 금식의 놀라운 권능〉에서 차브다는 자신의 신앙 초기에 지적 장애를 가진 어린이들을 위한 병원에서 일하던 때에 대해 이야기한다. 차브다가 "스티비(가명)"라고 부르는 16세의 소년이 있었다.

그는 다운 증후군으로 태어났고, 주체할 수 없는 자해 강박으로 고통 받고 있었다. 아이는 자기 얼굴을 너무나 자주 때려, 얼굴의 딱지가 마치 악어 가죽 같이 보일 정도였다. 충격 요법도 실패하자, 스티비의 간병인들은 결국 팔을 부목으로 묶어 얼굴에 닿지 못하게 만들었다. 이는 다른 어린이들에게 잔인한 행동을 하도록 만들었고, 손이 묶여 있는 스티비에게 신체적 폭력을 가했다. 차브다에 따르면, 대부분의 경우 스티비의 코와 입술, 입에선 피가 끊임없이 흐르고 있었다고 한다. 차브다를 볼 때면 스티비는 하나님의 사랑을 감지하고 자신의 머리를 차브다의 어깨에 기대며 흐느꼈다고 한다.

차브다가 아무리 기도해도 아무런 변화가 나타나지 않고 있었다. 스스로 낙심하고 낙담한 차브다는 하나님께 울부짖으며 해답을 구했다. 성령께서는 마태복음 17:21의 말씀으로 그에게 응답해 주셨다. "이런 귀신은 기도와 금식이 아니면 나가지 않는다." 차브다는 신학 학위를 갖고 있었지만, 이 구절을 처음 접했다고 한다. 자신이 받은 신학 훈련의 내용이 아니었던 것이다! 그는 귀신을 쫓아내거나 금식을 해 본 적이 없었다. 그렇지만 순종함으로 금식을 시작했다. 처음엔 물조차 마시지 않았다고 한다. 14일 후 주님께서는 그에게 스티비를 위해 기도할 방법을 알려주셨다. 마헤쉬는 스티비를 데려와 이렇게 말했다.

"나는 네게 기쁜 소식을 전하러 왔단다. 네가 묶인 자들을 자유롭게 하기 위해 그리스도 예수께서 오셨음을 알기를 바란다."

그리고 나는 말했다. "예수의 이름으로, 자해하도록 하는 악한 영은 이제 스티비를 놓아주어라." 갑자기 스티비의 몸이 나에게서 2.5m가량 내던져지더니 좁은 방의 반대쪽 벽에 부딪혔다!… 즉각적으로 나는 썩은 달걀과 불타는 유황의 놀랍도록 괴로운 악취를 맡게 됐다. 그리고 냄새는 점차 사라졌다.

나는 재빨리 스티비에게로 가서 아이를 팔에 안고, 아이가 눈을 동그랗게 뜨고 보고 있는 가운데 부목을 제거했다. 그러자 스티비가 팔을 구부려 자기 얼굴을 부드럽게 만져보기 시작했다. 나는 자신의 눈과 코, 귀를 부드럽게 만지는 아이의 모습을 지켜보았다. 스티비는 그렇게 흐느끼기 시작했다. 스티비는 처음으로 자신이 자해를 하도록 강압받고 있지 않음을 깨달았다.… 그 잊을 수 없는 순간에 주님께서는 내게 얼마나 강력한 무기를 주셔서, 요새를 무너뜨리고 갇힌 자를 놓아주도록 하셨는지 계시해 주셨다. 그로부터 수개월 내에 모든 딱지는 스티비의 얼굴에서 사라졌다[26].

금식 가운데 우리는 주님과 비밀스럽게 수고하여 깨어지고 억눌린 자들에게 당신의 사랑의 마음을 더욱 효과적으로 전달할 수 있게 된다. 우리는 고의적으로 우리 육체의 식욕이라는 통제력을 약화시키고 우리의 영을 부드럽게 만드는 것이다. 내려놓는 것이다. 굶주리

---

26 ― Mahesh Chavda 〈The Hidden Power of Prayer and Fasting〉 (Shippensburg, Pa.: Destiny Image Publishers, 1998), 4-5쪽.

는 것이다. 그 대가는 실질적이다. 첫 3일 동안, 물을 다시 마시기 시작할 때까지, 차브다는 너무나 갈증이 나서 물 흐르는 소리만 들어도 분을 내기 시작했다! 장기 금식 중에 우리는 금식이 정말 할만한 가치가 있는 것인지 궁금해지게 마련이다. 그러나 금식은 전수될 수 있는 본질을 만들어낸다. 노골적으로 말하자면, 사람의 몸이 다음 세대에 생명을 전해주기 위해 필요한 본질과 권한을 얻게 되는 영적 사춘기의 형태라고 할 수 있을 것이다. 땅의 열방들은 죽음으로부터 살아나야 한다. 젊은이들의 세대는 자살과 우울, 낙심, 폭력, 성적 타락으로부터의 거대한 구원이 필요하다.

우리의 사역은 항상 이러한 간증들을 듣게 된다. 최근 태국의 한 남성이 다양한 40일 금식을 통해 자신이 구원 받고 아들이 하나님께 돌아오게 되었을 뿐만 아니라, 방콕의 성매매 산업에 실질적 돌파가 있었다는 소식을 전해주었다. (여러분에게도 간증이 있다면 TheJesusFast.com을 방문하라.)

금식과 기도 가운데 우리는 정사와 권세의 영역 가운데 하늘을 움직일 뿐 아니라 동시에 개인적인 구원을 얻게 된다. 바벨론으로 추방되었던 이스라엘 백성들이 하나님의 약속에 따라 놓인 것을 볼 때, 그들의 해방은 우리 때에 대한 맛보기로 이해되어야 한다. 포르노, 마약, 술, 동성애와 성적 정체성 혼란이라는 고통, 사탄 숭배의 일환인 아동 학대 등 모든 형태의 억압으로부터 자유롭게 되는 모든 해방의 원형이라는 것이다. 그러나 우리는 스스로에게 냉정히 물어봐야 한다. 우리는 이 묶인 영혼들에게 얼마나 효과적으로 해방을 전해 왔는가(사 61:1)? 얼마나 자주, 그리고 얼마나 깊이 사람들이 진정한 구속과 구원을 체험하는가? 우리의 문화는 그리스도 안에서 한 번에 한 생명씩 자유롭게 되어가는가? 아니면 알려진 모든 악덕, 중독, 장애를 정상화하는 쪽으로 기울어져 있는가? 귀신들의 우두머리는 너무나 실제적이고, 그들은 이것을 아주 개인적인 전쟁으로 만들었다. 이러한 형태의 사탄의 분노는 앞으로 오직 더 커질 뿐일 것이다. 이 우두머리를 묶기 위해 해야 할 일을 언제 할 것인가?

수년 전에 딘은 농구 팀의 코치가 되어 달라는 부탁을 받는 꿈을 꾸었다. 농구장court 에 도착했을 때(하늘의 궁전court을 나타내는 중보적 상징), 그는 자신의 팀이 점수로 뒤지고 있음을 보았다. 딘의 할 일은 팀에게 "12-29 수비"를 지시하는 것이었다. 자, 실제 농구에는 그런 것이 없기 때문에 딘은 혼란스러워했다. 그런데 어느 날 주님께서 그를 마태복음 12:29로 인도하셨다. "사람이 **먼저 강한 자를 결박하지 않고서야** 어떻게 그 강한 자의 집에 들어가 그 세간을 강탈하겠느냐? 결박한 후에야 그 집을 강탈하리라."

어떤 코치라도 최선의 수비가 최선의 공격이라고 말할 것이다. 금식과 기도는 교회의 손에 주어진 막대한 공격적 무기다. 이제 어린이 장갑을 벗고 전투를 시작하자.

"내가 이 반석 위에 내 **에클레시아**를 세우리니 하데스의 권세가 이기지 못하리라. 내가 천국 열쇠를 네게 주리니 네가 땅에서 무엇이든지 매면 하늘에서도 매일 것이요 네가 땅에서 무엇이든지 풀면 하늘에서도 풀리리라."

— 마태복음 16:18-19

다음 장으로 넘어가기 전에, 이 구절을 다른 시각에서 잠시 바라보라. 우리가 왜 금식을 해야하는지 아직 모르겠다면, 율리시즈 그랜트 장군 같은 사람의 직무 기술서를 생각해 보라. 에이브러햄 링컨이 그랜트 장군과 같은 사람을 찾기 위해 구인 광고를 냈다면 무어라고 썼겠는가?

"사람 구함: 탁월한 전쟁터의 책략가. 제한된 군사 자원에 대한 능숙한 사용 필수. 부하들의 존경을 사야 함."

임상적으로 정확하긴 하지만, 이 문구는 그랜트가 링컨 대통령에게 실제로 가진 가치를 거의 표현하지 못한다. 링컨 대통령이 그랜트 장군을 직접 어떻게 평가했는지 한번 보라. "나는 이 사람을 아낄 수가 없다. 그는 싸우는 사람이다!"

우리에 대해서도 이러한 평가가 있어야 한다. 개인적으로든 단체로든 하나님께서 이렇게 말씀하셔야 한다.

"나는 이들을 아낄 수가 없다! 그들은 금식하고 싸운다!"

3부

나실인에서
나사렛인으로

금식은 제자 훈련이나 경건에 이르기 위한 도구가 아니다.
오히려 금식은 가득 찬 것을 비워 스스로 감각을 내면과 주변에
소용돌이치고 있는 것에 조율하는 것이다.
때로 하나님께서는 모습을 보이신다. 때로는 우리를 먹이신다.
그리고 이따금씩 당신의 영광을 폭발하는 성좌처럼
우리 앞에 던져주신다.

| 댄 앨렌더 |

| 9 |

요한: 길을 준비하는 불 같은 심령

우리의 궁극적 목표이자 갈망은 그리스도 예수를 높이고
그 분께 영광을 돌리는 것이 되어야 한다.
기도와 금식 없이는 어떠한 그리스도인도 제자리걸음을 하다가
목적 도달에 실패하게 될 것이다.

· 프랭클린 홀 ·

저녁 식사에 초대하기에 세례 요한은 유쾌한 손님이 아니었을 것이다. 그의 대화와 행실, 가차 없고 진실된 눈빛은 아마도 모든 사람을 불편하게 만들었을 것이다. 우리가 집주인이었다면 몰래 시계를 힐끗 보며 어떻게 하면 이 미친 선지자를 집에서 몰아낼까 궁리했을지도 모른다. 요한은 광야를 집 삼아 돌 베개를 베고 별 아래 잠을 잤던 사람인데 가장 위대한 목소리를 내었다. 어떻게 그럴 수 있었을까?

금식으로 알려진 세례 요한의 제자들이 예수께 왜 당신의 제자들은 금식을 하지 **않느냐**고 여쭈었을 때, 주님은 당신께서 떠나시고 나면 금식하리라 대답하셨다. 주님께서 계실 때에는 금식을 하지 않았는데, 이는 금식이 임재에 대한 것이기 때문이다.

예수께서는 넌지시 세례 요한의 금식이 신랑이 오기를 갈망하는 모습의 묘사라고 말씀하신 것이다. 요한은 심지어 자신을 "신랑의 친구"라고 칭했다. 왜냐하면 그의 금식은 예수님의 임재가 이스라엘 가운데 나타나기를 갈망한 그의 모습을 명백히 보여주었기 때문이다. 선구자인 요한은 많은 마지막 때 신랑의 친구들을 낳기 위한 존재였다. 그 친구들은 광야와 같은 이 땅에서 다시 한번 왕을 맞기 위한 갈망으로 목소리를 낼 것이다.

이러한 면에서 세례 요한은 스스로를 준비하고 또 주님의 임재에 대한 물리적 성소로서 광야 자체를 준비했다. 그 후에야 사람들이 그가 전하는 메시지에 움직였던 것이다. 이땅에 오신 예수께서는 당대의 공식적인 종교인들과 스스로를 동일시하신 것이 아니라 갈급함으로 당신의 임재를 자석처럼 끌어당긴, 메뚜기 먹는 요한과 동일시하셨다. 당연히 당신을 공개적으로 드러내시기 위해 이 장소에 끌리셨을 것이다. 예수께서는 당신께서 원하시는 곳에 오셨고, 오직 요한만 그 분을 갈구할 정도로 원했다.

이 때문에 예수께서 세례 요한을 "켜서 비추이는 등불(요 5:35)"이라고 하신 것이다. 요한이 강력한 금식의 생활 방식으로 그들에게 본을 보였기 때문에 요한의 제자들은 자주 금식했다. 이는 단순한 배고픔이 아니라 반문화적 굶주림이었다. 요한은 이스라엘이 민족적으로 너무나 둔하여져 주님께서 자신들을 찾아오신 날을 놓칠 위기에 있었던 나라 안에서, 우리를 수동적으로 만드는 식욕에 격렬하게 저항하고 있었던 것이다. 요한의 격렬함은 심장 박동이 없는 사람의 가슴에 패들을 대고 전기 충격을 주는 것 같았다. 오늘날 네바다 주의 모래는 버닝맨이라는 신이교적 축제를 목도하고 있지만, 2천년 전 유대의 모래는 이와 다른 버닝맨(불타는 사람)의 금식을 목도했다. 요한의 금식은 민족의 영을 준비시켰다. 그는 귀가 먼 시대로 하여금 하나님께 귀를 기울이게 하는 외침이었다. **그 분이 오신다! 준비하라**!

1996년, 빌 브라이트의 부름에 응답하여 금식했을 때 나는 꿈에서 하나님의 터질 듯한 음성을 들었다. **"잠을 깨우는 막대기를 땅 위에 펼쳐 들어라! 그렇게 하겠는가?"** 잠은 깨어있는 의식에 대해 대체 현실을 형성하는데, 아침이 밝아올 때 혹은 다른 누군가가 무례하게 깨울 때에만 우리는 자고 있었음을 진정으로 인식한다. (여담이지만, 이것이 여명의 군대의 기능 중 하나다.) 빛이 밝아오고 경보가 울리며, 외침이 들리고 우리는 둔감에서 기민으로 홱 일으켜 세워지게 된다.

나는 40일 금식으로 깨우는 막대기가 되라는 위임을 받았고, 이 일로 막대기 자체에는 별다른 의미—"깨어나라!"—가 없음을 믿게 됐다. 오히려 우리가 깨어나는 수단 즉 40일 금식이 중요한 것이다. 40일 금식에 의해 영혼에는 다른 어떤 수단으로도 얻어질 수 없는 방식으로 가치를 헤아릴 수 없는 선이 이뤄진다. 길들여져 소심하고 사육된 시대에, 그래서 사람의 영혼 가운데 영적 폭력이 없는 가운데, 요한은 다시 한번 하나님의 목적이라는 위대함으로 우리를 소환한다. 예수께서도 친히 선포하셨다. "세례 요한의 때부터 지금까지 천국은 침노를 당하나니 침노하는 자는 빼앗느니라(마 11:12)." 요한은 역사상 그때까지 가장 강력한 깨우는 막대기를 풀어놓았다. 우리는 그의 목소리와 그의 삶의 영향력이라는 막대기가 금식을 통해 만들어졌음을 놓쳐선 안 된다.

영혼이 완전히 깨어있다는 것은 믿음만의 자연스러운 기능이 아니라, 금식의 비밀 속으로 하나님을 따라갈 때에 빚어진 내적 본질의 산물이다. 엘머 타운즈가 쓴 탁월한 책 〈영적 돌파를 위한 금식〉은 이렇게 기록한다. "다양한 영향력들 가운데 크나큰 차이는 갈망에 달려 있다.… 천사가 요한의 아버지 사가랴에게 요한이 나실인의 서약을 해야 한다고 말했지만, 그 결정은 요한이 직접 갈망하고 확증했어야 했다.[1]"

요나에게서 교훈을 얻을 때, 우리는 하나님의 말씀**으로부터** 도망치든지 말씀과 **더불어** 달려갈 수가 있다. 궁극적으로 우리는 개인적, 그리고 민족적 소명에 대해 각성해야 한다. 재앙이 닥쳤을 때 선지자는 배 속에서 꼭 자고 있는 모습으로 발견되었다. 잠들어 있는 영은 너무나 쉽게 우리를 집어삼킨다! 션 스미스가 이것을 이렇게 잘 표현했다. "자는 사람을 치워라. 폭풍을 치워라[2]."

회심에 이어 그리스도인들은 종종 하나님 나라의 문제들로부터 개인적으로 선호하는 일들로 우선 순위의 방향을 재정비한다. 인간적 욕구를 만족시키기 위한 노력 가운데 그들은 하나님의 것들을 태만시하고 땅의 것들에 집중한다. 그렇게 할 때 이들은 하나님에 대하여 "잠이 드는 것"이며 하나님께서는 그들을 깨우셔야 한다. 그래서 영적 각성이 되는 것이다[3].

세상적 나른함의 과정은 우리의 식욕에 대한 무조건적 항복으로 시작되는 경우가 많다. 그러므로 장기 금식 속에 예속되는 것은 "각성"을 회복하는 강력한 방식이다. 이 책을 쓰고 있는 지금도 내 위에 계신 하나님의 영이 느껴진다. 이 책을 통해 전세계적 장기 금식 기도라는 깨우는 막대기를 멀리 펼치시고자 하시는 것이다.

예수를 따르는 자들이여, 깨어나라! 세상이여, 깨어나라!

나사렛인에 대한 나실인의 초점

모든 성도는 요한과 같이 그리스도의 증인이 되고자 하는 갈망이 있어야 한다. 그리고 자신의 개인적 영향력을 주님의 나라를 확산시키는 데에 쓰고자 하는 갈망이 있어야 한다. 예수님 당시, 세례 요한보다 영향력이 큰 사람은 없었다. 그의 예언적 내력은 비할 데가 없었고, 가장 위대한 구약의 선지자들과 대동소이했다. 자그마치 여호

---

1 — Towns 〈Fasting for Spiritual Breakthrough〉 149 – 150쪽.
2 — Smith 〈I Am Your Sign〉 16쪽.
3 — McDow and Reid 〈Firefall〉 79쪽.

와의 천사가 그의 탄생을 아버지 사가랴에게 예언해 주었던 것이다. "이는 그가 주 앞에 큰 자가 되며 포도주나 독한 술을 마시지 아니하며 모태로부터 성령의 충만함을 받아(눅 1:15)" 요한은 태어나면서부터 나실인으로 구별되었다. 그의 생애 전체가 신랑의 친구가 되고(요 3:29) 예수보다 앞서 달리는 자가 되기(눅 1:17) 위한 목적으로 여호와께 성별되었다.

요한은 집중된 삶의 능력에 대해 책을 썼다. 그는 자신의 서약과 금식하는 생활 방식, 그리고 내주하신 성령의 능력으로 인해 자신의 세대에 남다른 영향을 끼쳤다. 그는 자신의 나실인 신조에 있어서 단 한 번도 흔들리지 않았다. 반문화적 생활 방식이 그가 달성하도록 받은 사명의 심오한 사역에 필요했기 때문이었다.

젊은이들이여, 이는 여러분도 **스스로의 사명을 심각하게 받아들여야 한다**는 뜻이다! 특별한 소명에는 특별한 성별이 요구된다. 기도의 골방에서 얻어진 영향력을 수치화할 수 있다면, 여러분은 역사의 연대기에 1부터 10 중 어떤 영향력을 원하는가? 그 선택이 하나님이 아닌 여러분에게 달렸다면 어떻게 하겠는가?

요한의 생애와 메시지의 열렬함이 내 생애를 크게 형성한 것은 사실이나, 우리는 세례 요한을 통해 전해지는 이야기의 더 깊은 계시 속으로 들어가야만 할 것이다. 이 야성의 남자는 누구였을까? 하나님께서는 왜 그로 하여금 그리스도의 오실 길을 예비하도록 지명하셨을까? 마가복음을 보면, 요한은 예수 그리스도의 **복음의 시작**이라고 묘사된다.

하나님의 아들 예수 그리스도의 복음의 시작이라. 선지자 이사야의 글에 "보라, 내가 내 사자를 네 앞에 보내노니 그가 네 길을 준비하리라. 광야에 외치는 자의 소리가 있어 이르되 '너희는 주의 길을 준비하라. 그의 오실 길을 곧게 하라' 기록된 것과 같이"

― 마가복음 1:1-3

바로 이 다음 구절은 이렇다. "세례 요한이 광야에 이르러 죄 사함을 받게 하는 회개의 세례를 전파하니 (4절)."

이 구절들을 읽을 때 나는 우리가 표준적인 설교 가운데 무언가를 놓쳤겠다는 깨달음에 이른다. 이것이 문제인 이유는 요한이 예수를 위한 세대를 예비했다면 나는 표면적으로가 아닌 충만하게 준비된 사람이 되고 싶기 때문이다!

살면서 나는 열심과 정직한 회개에 끌린다. 그것이 나의 성향이다. 내가 열정을 가진 것은 고전적 부흥주의자와 중보자들로, 내가 쓴 모든 글에서 그것이 밝히 드러날 것이다. 나는 세례 요한에 대해 너무나 동질감을 느껴 한편으로는 성별과 회개의 메시지에 결코 질리지 않으며, 또 한편으로는 요한의 사역이 옛날식 부흥사들의 설교보다 훨씬 깊은 것임을 깨닫기 시작했다. 우리는 토라의 절정과 같은 선지자를 혹시라도 우상화하여 **모든 역사가 그리스도를 가리키는 것이라는** 그의 논지 자체를 놓쳐버리지 않도록 주의해야만 한다. 믿지 않았던 유대인들과 유사하게 바울은 로마 교회에 보낸 자신의 서신에서 이렇게 기록한다. 나는 우리가 이러한 죄를 짓지 않았나

두렵다.

> 그들이 하나님께 열심이 있으나 올바른 지식을 따른 것이 아니니라. 하나님의 의를 모르고 자기 의를 세우려고 힘써 하나님의 의에 복종하지 아니하였느니라. 그리스도는 모든 믿는 자에게 의를 이루기 위하여 율법의 마침이 되시니라.
> — 로마서 10:2-4

그리스도인으로 사는 가운데 숲을 보지 못하고 나무만 보기가 참 쉽다. 그보다 더 안 좋은 것은, 깊게 느끼고 열정적으로 헌신한다고 느끼는 한, 우리가 전혀 지혜롭지 못할 때가 많다는 것이다. 그러나 많은 이들이 요한의 방법론과 성품이 급진적 제자훈련의 열쇠였던 양 요한을 이렇게 지렛대로 사용하려고 하지만 그는 격렬함과 배짱, 거친 머리칼, 열정과 통곡만 있는 사람이 아니다. 우리는 '**세례 요한처럼 금식하고 기도만 하면 나도 의로워질 거야**'라고 생각하고 싶은 유혹을 느낀다. 그렇지 않다! 바로 그 때문에 요한이 우리 시대에 너무나 중대하고 유익한 것이다. **요한은 한 번도 논점을 벗어나지 않았다.** 요한은 금식과 기도의 생애를 살았고, 이 책의 논점은 여러분이 그렇게 하도록 부르는 것이다. 일반적으로 말하면 금식하고 기도하라는 것이지만, 구체적으로 말하면 예수를 위하여, 예수로부터, 예수를 통해 살라는 것이다!

요한이 그 방향을 가리키고 있다.

금식의 능력과 잔치의 능력

세례 요한은 하나님께서 역사의 한 페이지를 그에게 맡기실 수 있을만큼 금식을 했다. 그리고 우리에게도 동일한 초대를 하고 계신다. 선지자들은 잔치의 후식the desserts of feasting에서 만들어지는 게 아니라 금식의 광야the deserts of fasting에서 탄생된다. 작은 것에 충실하고 필요하다면 수년이라도 인내하라. 신성한 지연과 광야의 훈련은 우리로 하여금 사명을 성취할 수 있도록 준비시켜 주는 것이다. 세례 요한의 경우도 그러했다. 미국은 180도 뒤집어져야 하며, 누가복음 1:80이 그 처방이다. "아이가 자라며 심령이 강하여지며 이스라엘에게 나타나는 날까지 빈 들에 있으니라."

세례 요한은 평생 예언적 약속을 지니고 살았다.

요한의 예언이 성취되기까지는 30년이 걸릴 것이었다. 하나님의 비밀 무기고 안에는 특정 인물들의 소명에 대한 예언적 묘사가 너무나 많다.… 많은 이들이 아직 성취되지 않은 소명에 대한 비밀스런 예언적 간증을 내면에 갖고 다닐 것이다. 그 때까지는 그것을 위해 스스로를 준비하는 것이다.[4]

---

4 — Kjell Sjoberg 〈The Prophetic Church〉(Chichester, United Kingdom: New Wine Press, 1992), 146쪽.

나는 이 원리를 내 삶 가운데 직접 겪었다. 수년간 나는 사람들이 거의 오지 않는 조그마한 기도 모임들을 신실하게 인도했지만, 낙심은 쉽게 찾아왔다. 그래도 나는 언약의 친구들과 금식하고 기도하며 나의 작은 영역 가운데서 내가 할 수 있는 최선을 다해 기도를 동원했다. 그러다가 갑자기, 거의 하루 아침에, 내 작은 기도 모임이 40만 명의 힘을 갖게 되었다! 마치 하나님께서 이렇게 말씀하시는 것 같았다. **"네가 보이지 않는 곳에서 기도를 인도하는 일에 충실해 왔구나. 이제 나는 커튼을 젖히고 역사의 무대 가운데서 네 작은 기도 모임을 인도하도록 할 것이다."** 그것은 누가복음 1:80과 같은 순간이었다. 공적으로 드러나는 날이었던 것이다. 은밀히 금식할 때 "은밀한 중에 보시는 네 아버지께서 갚으시리라(마 6:18)"고 하신 예수님의 약속에 따라 성취된 것이다.

하나님께서는 세례 요한과 같은 설교자들과 다니엘과 같은 개혁의 리더들로 구성된 군대가 미국을 여호와께로 크게 돌려놓기 위해 공공연히 드러나게 되리라는 소망을 내 심령에 새겨주셨다. 한 번은 꿈속에서 미국이 하나님께로 돌이키는 것이 얼마나 불가능한지를 보고 압도를 당했다. 그러나 그 꿈에서 나는 두루마리에 쓰여진 누가복음 1:17 말씀이 눈 앞에서 풀어지는 것을 보고 읽었다. 그것은 세례요한 운동의 약속이었다. "그가 또 엘리야의 심령과 능력으로 주 앞에 먼저 와서 아버지의 마음을 자식에게, 거스르는 자를 의인의 슬기에 돌아오게 하고 주를 위하여 세운 백성을 준비하리라."

"엘리야의 심령과 능력"은 요한의 사명 선언문이라 할 수 있을 것이다. 여러 세대가 함께 회복되어 주님을 구하는 것이다. 그 꿈에서 깨었을 때, 성령께서는 내 마음에 울려퍼지도록 말씀하셨다. **"내가 미국에 쏟아붓고 있는 것은 반역보다 강하다."**

레오나드 레이븐힐은 비록 세례 요한이 장님을 눈 뜨게 하거나 죽은 자를 일으키진 못했지만, 그보다 훨씬 더 위대한 일을 했다고 말했다. 영적으로 죽은 세대를 일으켰던 것이다. 말라기는 두 세대의 마음을 돌이키기 위해 엘리야가 **와야만** 한다고 예언했다. 할렐루야! 그 말씀대로 엘리야는 **올 것**이다. 사실 현대 기도 운동의 태동 이래, 이러한 기름 부으심은 지구 전역에서 밀려들어 왔다. 그것을 받을 준비가 된 자에게 말이다.

나실인이 쇠하도록 예비하라

이미 언급했듯, 나실인들은 이스라엘에서 독특한 자리를 차지했다. 누구라도 나실인의 서약을 하고 그대로 살 때 제사장으로서 하나님께 가까이 나아가는 자리를 선택할 수 있었다. 출신 지파 덕에 레위인들은 민족을 대신하여 특별히 하나님과 약속한 존재로서 행실을 해야 하는 종교적 의무를 띠고 있었다. 그러나 나실인들은 성령의 은혜가 내면에서 역사하고 있었기 때문에 즉흥적이고 기쁘게, 또 자발적으로 제사장에게 요구되는 구별과 생활 조건을 따랐다. 이러한 이유로 나실인의 명령이 신약 성도들의 제사장직을 예표했다고 보는 것이다[5].

세례 요한은 나실인으로서 제사장직보다 여러 가지 면에서 더 깊은 수준의 내면의 준비에 헌신했다. 요한은 레위인보다 나실인으로 살기로 선택했다! 이것이 놀라운 것은, 내가 알기로 성경에서 그러한 선택은 이 외엔 없기 때문이다. 산상수훈은 모세의 율법을 대체하진 않았지만, 그 요구사항을 동기와 의도에 있어서 충만한 효과로 **심화** 시켰다. 마찬가지로 나실인의 성별은 사실, 최소한 부분적으로는, 레위인들의 권위와 영향력을 초월하는 영역에 스스로를 둔 것이었다. 나실인의 서약이 민수기에서 제사장직을 논하는 부분에 갑자기 삽입된 것은 어느 정도 이러한 연유에서다.

세례 요한의 사역의 순결성이 나무랄 데 없는 것이었다면, 그의 영향력의 폭은 믿기 어려울 정도다. 그가 홀로 일한 것은 사실로 받아들여지는 가정이지만, 학자들은 줄잡아 봐도 그에게 세례를 받은 이들의 숫자가 20만에서 50만에 이를 것으로 추산하며 어떤 이들은 2백만에 이를 것이라고 주장하기도 한다!

놀라운 일이다. 아프도록 정직하게 이야기하자면, 현대 사역의 난제는 설교자들이 청중을 **필요로 한다**는 것이다. 하지만 그 필요는 독성을 가질 수 있다. 많은 이들이 하나님께로부터 받은 진짜 소명으로, 주님을 따르고 섬기고자 하는 신실한 갈망으로부터 시작한다. 그러나 시간이 지나면서—각자 얼마나 강한지는 상관 없다—사역의 동

---

5 — 신명기 6장에 대한 탁월한 논의를 보고 싶다면 참조할 것: C. F. Keil and Franz Delitzsch 〈Commentary on the Old Testament〉 (Peabody, Mass.: Hendrickson Publishers, 2006).

기가 시험을 받고 혼합된다. 내가 느껴 본 바 "성공"을 해야 한다는 실질적 압박이 있다. 예전에 내가 수천 명을 모이게 했다면, 수백 명만 모이게 될 때 나는 실패한 것인가? 많은 선한 종들이 메시지의 신실함이 아니라 사역의 크기에 따라 스스로를 판단하기 시작한다. 강력한 "브랜드"는 개인적 성취일 뿐 아니라 성장 유지를 위한 필수가 된다. 곧 성장은 모든 다른 관심을 능가하게 되고, 그렇게 되면 우상 숭배가 그리 멀지 않은 것이다. 현대의 사역 중 얼마나 많은 수가 세운 자들에게나, 그들을 따르는 자들에게 우상이 되는 수준에 이르렀는가? 물론 성공하고자 하는 갈망은 인간의 본성이다. 허나 설교자의 본성은 아니다. 영세 사업자, 예술가, 정치인들에게서도 그런 것을 볼 수 있다. 차이점은 사역을 하는 이들은 마땅히 더 높은 기준을 붙든다는 것이다. 우리는 스스로를 섬기고 있는가, 하나님을 섬기고 있는가?

이를 나실인 요한에 비교해 보자. 현대적으로 말해, 세례 요한의 "브랜드" 평가를 해보면 많은 설교자들이 그의 연락처 목록(혹은 트위터 팔로워)을 따내기 위해서만도 기꺼이 십계명 중 여덟째와 열째 계명을 어길 것이다. 사역 단체들은 모금 기반에 자극을 주기 위해 자신들의 "영향력의 범위"를 드러내기를 좋아한다. 우리—나 역시 그 죄를 범했다!—는 사역이 왜 독특한지 혹은 우리가 남들과 다른 특별한 장점을 묘사함으로써 우리의 존재 이유를 변호(혹은 창조)해야 한다는 압박을 느낀다.

독특하고 폭넓은 영향력을 자랑할 수 있다면, 세례 요한이 해야 했을 것이다. 예수께서 친히 요한의 드물고 예언적인 의의에 대해 증언해 주셨으니 말이다.

> "내가 진실로 너희에게 말하노니 여자가 낳은 자 중에 세례 요한보다 큰 이가 일어남이 없도다!… 모든 선지자와 율법이 예언한 것은 요한까지니 만일 너희가 즐겨 받을진대 오리라 한 엘리야가 곧 이 사람이니라."
> — 마태복음 11:11, 13-14

와! 가득한 헌신과 나실인의 열정으로 세례 요한은 예수의 오실 길을 예비했던 것이다. 점증적인 모세의 의식법과 정결법에 개인적 죄를 바로잡는 데에 요구되는 정의를 실행함으로써 말이다. 요단 강에서 씻음으로 상징되는 그의 메시지는 용서로 향하는 길로서 죄의 선고를 가져왔다. 그래서 수십만의 양떼가 거기에 참여한 것이다.

오늘날 이 모든 것은 요한의 마케팅 팀이 열성을 다하도록 하기에 충분한 정보였을 것이다. 투어를 예약한다. 여론을 휩쓴다. 상품을 판매한다. 상상해 보라. 그가 한 지역에서 이만큼 성공적이었다면, 세례 쇼를 순회 공연으로 했다면 얼마나 더 성공적이었겠는가[6]?

그러나 원칙주의자인 요한은 자신의 흥분에 넘어가지 않았다.

---

6 — 사실, 요한의 사역은 이후 여러 해 동안 계속 확장되었다. 사도행전 18장을 보면, 요한의 죽음과 예수의 죽음 및 부활로부터 한참 후에 "요한의 세례밖에 알지 못한" 아볼로가 등장한다.

우리가 스스로의 중요성을 부풀리는 반면, 요한은 의도적으로 자신을 오므라들게 했다. 수많은 무리의 사람들이 공공연히 그가 차기 스타인지를 물어오는 와중에, 요한은 생각지도 못한 사역적 자살을 했다. 모두에게 **자신의 사역 전부가 부적절하고 불완전하다**고 이야기하기 시작한 것이다!

"나는 너희로 회개하게 하기 위하여 물로 세례를 베풀거니와 내 뒤에 오시는 이는 나보다 능력이 많으시니 나는 그의 신을 들기도 감당하지 못하겠노라. 그는 성령과 불로 너희에게 세례를 베푸실 것이요 손에 키를 들고 자기의 타작 마당을 정하게 하사 알곡은 모아 곳간에 들이고 쭉정이는 꺼지지 않는 불에 태우시리라."

— 마태복음 3:11-12

다름 아닌 세례 요한이 이 불멸의 말을 뱉은 것이었다. "그는 흥하여야 하겠고 나는 쇠하여야 하리라(요 3:30)." 심지어 자신은 그렇게 하는 것이 기쁘다고 말했다(29절)!

개인적으로 또 단체로, 이것을 이해하는 것은 중대한 일이다.

나도 쇠하여야 한다. 여러분도 그렇다.

맨 처음부터 요한의 쇠하는 DNA가 더콜이 주최한 모든 엄숙한 성회의 핵심 목표였다. 어떻게 미디어에 중독된, 자신과 셀카에 빠진 세대를 세례 요한으로 키울 수가 있겠는가? 더콜에 많은 유명 리더들과 워십 팀이 있지만, 나를 포함해서 아무도 사례비를 받지 않는다. 우리는 이름을 높이지 않으며, 우리의 유일한 목표는 겸손이다. 잔치가 아니라 금식인 것이다! 오직 한 분만 우리의 모든 관심의 대상이자 초점으로 자리하신다.

요한이 왜 중요한지 알겠는가? 이 책의 시작에서 말했다시피, 예수 운동을 원한다면, 주님의 겸손과 금식하는 생활 방식으로 특징 지어지는 요한의 운동을 먼저 시작해야 한다. 실질적으로 이는 우리가 가진 사역의 우상이 무너져야 함을 의미한다. 사역의 정체성이 정결해져야 한다. 우리가 하는 사역이 높이는 것은 예수님이 되어야만 한다. 다른 길은 없다.

낙타 털옷을 입은 선지자

마지막으로, 요한이 신실한 증인이었다는 내포적이고 상징적인 차원의 확실한 예로서, 요한의 태도와 행실의 아이러니가 얼마나 간과되었는지 보자. 이미 보았듯, 평생을 나실인으로 산 요한은 극단적 성결의 본이었다. 그러면서도 바리새인들이나 사두개인들의 율법주의는 없었다. 율법주의를 피한다고 해서 규칙에 대해 해이해질 수 있다는 뜻은 아니다. 그러나 요한의 옷은 **낙타**의 털로 만들어졌다. 전형적인 주석을 보면 이 점을 현대적 어투로 간단하게 요한이 선지자로서 "젊은이들에게 먹히는 방식"을 취했다고 한다. 그는 거친 친구였다. 그리고 물론 그것은 합당한 해석이다.

동시에 너무 간단하기도 하다. 왜냐하면 율법에 이른바 낙타는 의식적으로 부정한 동물이었기 때문이다(레 11:4). 낙타의 고기를 먹는 것만 금지된 것이 아니라 "그 주검도 만지지 말라. 이것들은 너희에게 부정하니라(레 11:8)"고 말씀하고 있다. 요한은 왜 그랬던 것일까?

가장 그럴 듯한 시나리오는 그가 광야에 (꽤나 흔히) 빠져있는 낙타의 털들을 모아서 따뜻함을 얻기 위해 하나의 직물로 엮었으리라는 것이다. 그보다 더 심한 경우는 죽은 낙타를 발견하여 그 가죽을 무두질했으리라는 것이다. 어떤 경우였든 의식적으로 정결한 방법도 당연히 가능했다. 염소털이나 양털이 있지 않은가? 그리고 그의 메시지와 사명에도 더욱 적합하고 양립되는 방법이었을 것이다. 최소한 겉으로 보기엔 말이다.

그러나 여기에 하나님의 지혜가 있는 것이다. 급진적이고 독실하며 헌신된 요한은 자신이 사람일 뿐임을 알았다. 그리스도가 아니었다. 우리와 전혀 다르지 않았다. 어쩌면 율법 아래서 여자로부터 태어난 이들 가운데 가장 위대했겠지만, 그럼에도 불구하고 율법 아래 태어났고 율법이 요구하는 충만한 저주 하에 태어났던 것이다. 그의 의는 우리의 것과 같이 "더러운 옷(사 64:6)"이었던 것이다. 세상 모든 나실인의 열정은 요한을 하나님 보시기에 추가적으로 더 거룩하게 만들어주지 않았다. 하지만 그는 성결과 광야, 금식과 회개의 운동을 인도한 사람이었던 것이다. 요한은 자신이 우상으로 숭배 받을 수 있는 위험이 있음을 알았는데, 자신의 사명을 성취하기 위해 그것을 결코 허용할 수 없었다. 그럼 어떻게 했을까?

부정한 낙타 가죽으로 인간적 틀을 두른 요한은 자신이 전하는 말에 대한 열정의 본을 보이고 그것을 초월하도록 스스로를 허하는 방식으로 영리하게 자기 자신의 메시지를 약화시켰다. 다르게 표현하자면, 요한은 스스로를 온 인류가 가진 커다란 딜레마―이 때문에 진짜 메시아가 절실하게 필요한 것이다―에 대한 살아있는 실례로 만든 것이다.

생각해 보라. 수십만 번 그는 사람들을 물에 담갔다. 하루에도 수차례씩 무리들이 그를 보았다. 그러나 낙타 털옷을 입은 요한은 자신도 부정했다. 매번 정결케 하는 물 속으로 들어갈 때마다 그는 회개하는 추종자들과 같이 항상 잠시 깨끗케 되었다. 그렇지만 그만큼 빨리 그들과 함께 실제적이고 타락한 세상 속으로 떠올라, 요한은 "더러운 옷"을 입은 채 의식적으로 다시 완전히 부정해졌다.

성경은 무언가를 묘사할 때 넘치는 편이다. 어떤 것들은 문화 내의 일반적 지식 속에서 전제되어 있다. 거의 배타적으로 유대 종교 체제 내의 유대 율법에 대한 유대적 이해에 전념한 주제로 전부 유대인들이 3천년 넘게 기록한 책이니 사람들이 그런 기대를 갖게 되는 것이다. 요한에게 나아온 수십만의 사람들이 강력한 회개의 선지자, 참으로 거룩한 사람이 모순된 것을 보고 (그리고 에세네파에서 "공의의 설교자"로 지명된 대상이었을 가능성이 높다), 종교 지도자들의 위선을 욕하며 무리들에게 죄된 습관을 버리라고 명하라고 했을 경우의 수는 적다. 그런데 자신은 부정한 의복을 갖추었다? 사람들이 머리를 긁으며 왜 저럴까 생각하지 않았을까?

성경은 그것을 밝히 설명해주진 않는다. 그러나 성경으로 성경을 해석해 볼 때 요한이 선택한 의복이 길을 예비하는 일에 헌신한 그의 한 방이었음을 이해할 수 있게 되지 않을까? "사람들, 들어보십시오!" 그가 이렇게 말했을지도 모른다. "혼란스러워하지 마십시오. 나도 씻김 받아야 하는 사람입니다. 이 물은 여러분과 나에게 있어 임시방편입니다. 나도 다르지 않습니다. 나에게도 구원자가 필요합니다."

헉!

친구여, 이 때문에 요한은 **감히** 어린 양의 옷을 입지 않았던 것이다. 그 옷을 입으실 수 있는 건 한 분뿐이기 때문이다. 그러니 예수께서 마침내 모든 공의를 이루기 위해 물가에 도착하시고, 그 먼지 가득한 날에 요한이 여전히 정죄를 받으며 다시 한번 물 속에서 나왔을 때, 선지자든 아니든 그의 메시지에 담긴 메시지는 모든 이들의 심령을 수정종과 같이 울렸다.

"**어린 양**을 보라!"

어린 양은 한 분이다. 요한은 결코 이 장면을 놓치지 않았다. 예수 안에서 마지막 아담이 처음 아담의 다루기 힘든 자녀들을 다시 그 사랑의 아버지께로 회복시키기 위해 오신 것이다. 당신의 백성을 약속의 땅으로 인도할 신실한 여호수아가 임하신 것이다. 갑절의 축복이신 독생자께서 육체로 오셨다. 그러므로 온 것과 동일한 이유로 엘리야는 떠나야 했다. 요한이 쇠하여야 예수께서 흥하실 수 있었던 것이다. 길은 예비되었다. 다음 사람이 진짜 거물이지 요한이 아니었다.

모세의 40일 금식은 여호수아라는 이름의 영적 아들을 일으켰다. 그 이름은 "여호와는 구원이시다"는 뜻이다. 엘리야는 40일을 금식하고 갑절의 축복을 받은 엘리사를 키웠다. 그 이름은 "여호와께서 구원하신다"라는 뜻이다. 마지막으로 세례 요한의 나실인 생활 방식이 가장 위대한 갑절의 축복의 아들을 데려왔다. 무대가 준비되었고, "여호와의 구원" 예수가 등장했다.

이제부터는 그 분의 운동이다.

| 10 |

예수: 강한 자를 결박하고 추수를 풀어놓으라

"흑암에 앉은 백성이 큰 빛을 보았고 사망의 땅과
그늘에 앉은 자들에게 빛이 비치었도다."

· 마 4:16 ·

마태복음 4:16에서 마태는 이사야의 예언을 가져와 능력을 입으시고 공적 사역을 위해 준비가 되신 예수께서 어떻게 광야에서부터 나타나시는지를 묘사한다. 공식적인 자격 수여나 성대한 공개 발표도 없다. 사탄에 대한 중대한 개인적 승리에 이어서 사역이 나타나는 것이다. 사람들이 흑암 가운데 메시아를 향해 신음한 지 4천년, 그 분이 오신다. 예수 운동이 드디어 임한다. 곧 대규모 전도에 기적과 표적, 이사가 따르는 것이다. 요한이 길을 예비했지만 갑절의 축복을 받은 아들이 물건을 나르는 것이다.

그러나 아직 아니다. 두 가지 동시발생적 실제가 벌어진다. 그것은 사탄의 굴욕(강한 자를 결박하는 일)과 시험 받은 자녀 신분의 내면적 역사(정체성, 정체성, 정체성!)다. 총체적 결과는 성령 안에서의 충만하고 감소되지 않는 능력이다. 예수께서 아담과 이스라엘이 전에 몰수당한 역사적 땅을 되찾으시기 때문이다.

예수님의 금식에 이어지는 것은 추수다. 광야 직후에 예수께서는 당신의 고향 마을에서 공적 사역을 시작하셨다. 자, 용어를 정리해 보자. 예수 운동은 우리가 현대적 관점에서 생각하는 형태의 사역이 아니다. 우리에게 "사역"은 단순히 설교자가 일요일 아침에 설교하는 것을 가리킬 때가 많다. 사역이 "부흥"이 되면 아마도 구원이 일어나고 있음을 뜻하게 될 것이다. 반대로 주님께서 성령의 기름 부으심 하에서 역사하시는 예수 운동에는 **타락한 인류의 전적인 해방**이 수반된다.

> "주의 성령이 내게 임하셨으니 이는 가난한 자에게 복음을 전하게 하시려고 내게 기름을 부으시고 나를 보내사 포로 된 자에게 자유를, 눈 먼 자에게 다시 보게 함을 전파하며 눌린 자를 자유롭게 하고 주의 은혜의 해를 전파하게 하려 하심이라."
>
> — 누가복음 4:18-19

후에 사도 요한은 이 사명 선언문을 단 한 문장으로 더욱 증류시킨다. "하나님의 아들이 나타나신 것은 **마귀의 일을 멸하려 하심**이라(요일 3:8)."

다시 말해 영원하고 의로운 것을 세우기 위해, 예수께서는 먼저 어둡고 독소 있는 것들을 무너뜨리러 오셨다는 것이다. 이러한 면에서 광야에서 사탄과의 대면은 천상의 사람이 이 땅에 와서 신성한 선언을 한 것으로 이해되어야 한다.

뒤에서 보겠지만 이것은 생각에 대한 전쟁이다.

생각을 바로 하라

십자가로 나아가는 행진의 일환으로, 예수께서는 당신의 생명으로 두 구절을 융합시키고자 하신다. 그것은 마태복음 12:29와 17:21이다. 두 번째 구절("그러나 이런 유는 기도와 금식이 아니면 나가지 않는다")은 앞서 마헤쉬 차브다의 이야기에서 간략하게 보았다. 그는 스티비를 괴롭히는 귀신에 대한 권세를 얻기 위해 금식하고 기도했다. 어떤 상황에서는 귀신이 너무나 강력하여 추가적인 세력을 동원해야 감당할 수 있을 때가 있다. 그러나 이 구절을 온전히 이해하기 위해서는 그 앞장을 보아야만 한다. 예수께서 제자들에게 이렇게 말씀하신 것이다. "사람이 먼저 강한 자를 결박하지 않고서야 어떻게 그 강한 자의 집에 들어가 그 세간을 강탈하겠느냐? 결박한 후에야 그 집을 강탈하리라(마 12:29)."

예수께서는 광야에서 두 구절을 다 밝히 설명해 주시는데, 그 원칙이 축귀라는 범위에서 개인적으로 적용되면서 또 지구 자체에 달하는 지리적 규모로부터 영토적으로 나타나기 때문이다. 사탄이 괜히 "이 세상의 임금(요 12:31)", "이 세상의 신(고후 4:4)", "공중 권세 잡은

자(엡 2:2)"라고 불리는 것이 아니다. 그는 단순한 점령자가 아니라, 너무나 만연해 있고 강력하지만, 미묘하고 조직적인 영향력을 가지고 뿌리박혀 있어서, 인간의 본성 자체가 나면서부터 그의 영향력에 종속되는 것이다. 예수께서는 조직적 수준에서 하나님 나라의 지배력을 보이사, 물질적 차원에서 하나님 나라의 능력을 충만히 나타내실 수도 있다. 이렇게 하기 위해서는 일부 다루기 힘든 개별 귀신들과 맞서시는 게 아니라, 발군의 하나님 적대자 즉 사탄 자신을 맞서실 것이다.

요단 광야에서 일어난 일을 충분히 이해하려면, 마태복음 17:21을 더 깊이 들여다봐야 한다. 기도와 금식에 관한 성경 구절 중 아마도 가장 오해가 많이 된 말씀일 것이다. 간질병에 걸린 아들을 한 아버지가 예수의 제자들에게 데려왔다. 그를 고통에서 치유해주기를 바랐던 것이다. 그러나 그들은 소년을 고쳐주지 못했다. 예수께서는 사랑으로 제자들을 교정하셨다. 물론 한눈에 보기에 대단히 사랑이 넘치는 말씀은 아니었다. 주님께서는 "믿음이 없고 패역한 세대여"라고 말씀하셨다. 앗! 약간 공감이 되지 않는가? 여러분도 치유, 돌파나 구속을 위해 기도했는데 아무런 변화가 나타나지 않은 적이 있는가? 나는 그랬다! 그러면 이러한 예수의 말씀을 읽고 강하게 꾸짖은 것이 아니라고 어찌 생각할 수 있는가?

그 열쇠는 한 단어의 의미에 달려 있다. **패역**이라는 것이다.

예수께서 대답하여 이르시되 "믿음이 없고 패역한 세대여 내가 얼마나 너희와 함께 있으며 얼마나 너희에게 참으리요 그를 이리로 데려오라." 하시니라. 이에 예수께서 꾸짖으시니 귀신이 나가고 아이가 그 때부터 나으니라. 이 때에 제자들이 조용히 예수께 나아와 이르되 "우리는 어찌하여 쫓아내지 못하였나이까?" 이르시되 "너희 믿음이 작은 까닭이니라. 진실로 너희에게 이르노니 만일 너희에게 믿음이 겨자씨 한 알 만큼만 있어도 이 산을 명하여 '여기서 저기로 옮겨지라' 하면 옮겨질 것이요 또 너희가 못할 것이 없으리라. **그러나 이런 유는 기도와 금식이 아니면 나가지 않는다.**"

— 마태복음 17:17-21

잠깐만. 어떤 것이 나간다는 말씀인가? 우리는 "이러한 유"가 귀신이라고 생각해 왔지만, 귀신은 얼마나 세든지 위협이 크지 않다. 훨씬 더 큰 문제는 그보다 두 배로 저항적인 불신이라는 이슈다. 인간의 심령은 불신으로 염증이 나 있어, 영적 지렛대로 영혼을 파내려고 할 정도다. 믿음을 갖는 것보다 훨씬 쉬운 믿음 없는 삶은 우리 모두를 망친다. 오직 믿음만이 하나님의 약속을 이해하고 받게 해주기 때문이다. 이러한 면에서 금식은 결단코 전쟁을 활성화시킨다. 둘러서 보면, 일부 귀신은 금식에 기도를 더하지 않으면 쫓겨나지 않는다는 뜻일 수 있다. 그러나 이 구절에서 가장 직접적인 인과관계는 앞서 저항했던 귀신들이 우리가 굶을 때 마법과 같이 순종할 수밖에 없게 된다는 의미가 아니다. 오히려 마치 뿌리 내린 나무와 같이 귀신은 불신의 존재 가운데 영토적 권세를 갖고 있다. 이것은 우리가 하나님께 반역하는 고유하고 영속적이며, 역사적인 풍조

이기 때문이다. 에덴 동산까지 거슬러 올라가며, 또 이스라엘이 광야에서 강퍅하게 떠돌아다니는 동안에도 더 증거된 바는, 불신이 인간 존재의 골칫거리였다는 것이다. 그것은 죄의 시조이며 귀신이 들어오는 정문이다. 불신으로 아담은 땅에 대한 권세를 가진 하나님의 아들 된 자신의 위치를 사탄의 통치 아래 있는 종의 신분과 바꿨다. 불신으로 이스라엘은 약속을 받기 보다 광야에서 40년 동안 방황했다. 얼마나 어리석은가! 그러나 그러한 것이 불신이 가진 독이다. 우리를 죽이는 것이다.

마태복음 17:17에서, "패역 perverted"이라고 번역된 단어는 헬라어로 **디아스트레포**인데 "왜곡하다, 엇가다"라는 뜻이다. 왜곡된 시각을 말하는 것이다. 현대 영어에서 perversion은 뭔가 깊이 미치고, 도덕적으로 타락한 것에 대한 의미를 내포하지만, 헬라어에서 이 단어는 **진리로부터의 미묘한 일탈**을 뜻한다. 이 일탈은 미세한 차이라서 거의 인지하기가 어려울 정도지만, 시간과 거리가 지나면 그 왜곡이 명백히 드러난다. 학교에서 배운 기하학을 떠올려 보면, 같은 시작점에서 나아가는 두 직선이 처음엔 한 선처럼 보이지만, 충분히 거리를 지나고 나면 둘 사이의 간격이 뚜렷이 보이는 것이다. 한 선이 진리라면 다른 선은 왜곡이다. 그 차이가 인식되기까지는 수 km를 가야 할지도 모르지만 말이다. 본래의 디자인으로부터의 거리와 나이 때문에, 하나님과의 정상적인 생활이 어떤 모습인지도 알아보지 못한다. 어떻게 할까? 핑계를 대며 불신을 옹호하고 정당화한다. 그것을 지혜, 분별력, 실용주의라고 부르며 말이다. 그 결과는 무력해지는 것이다.

예수께서는 이러한 사고방식을 패역하다고 부르셨다. 불신이 아닌 믿음이 그리스도인의 **정상적인** 생활이다.

제자들에게 이미 도시로 들어가 병자를 치유하고 악령들을 쫓으라고 하신 예수께서는 다른 수식어를 붙이지 않으셨다. "그런데 얘들아, 크고 못생긴 놈들을 찾아라. 때로는 그런 애들 때문에 금식을 해야 돼." 그러니까 아버지의 사랑과 성령의 능력을 충만히 체험하기를 반대하는 것이다. 가장 크고 못생긴 장애물은 귀신이 아니라(드럼소리: 두구두구두구두구) 불신이다! 예를 들어, 금식의 진정한 효능은 우리의 생각을 재배열할 수 있는 능력에 있다. 지렛대인 것이다! 너무나 자주 우리는 왜곡된 생각을 벗어나 공부하거나 기도할 수 없다. 때로는 불신이 "떠나가지" 않는다. 즉, 더 우세한 세력이 우리의 미성숙하고 육적인 신념 체계에 침투하기까지는 쫓겨나지 않는 것이다. 거짓을 몰아내려면 우리 영의 금고 속으로 더 강한 자가 들어와야 하는 것이다.

마태복음 17장의 교훈을 요약하자면, 제자들의 문제는 그들 자신의 능력이 아니라 **관점**이었다. 권세가 부족한 게 아니라 그것을 전용할 줄을 몰랐다. 예수께서는 긴장하여 사탄과 대면하시고선, 맞서 이길 수 있게 되고자 금식하러 떠나신 게 아니었다. 이미 그 강한 자를 묶어두셨다. 주님께서는 하나님의 아들이시지만, 사람으로서 귀신들을 몰아내셨다. 모든 상황을 진리, 사랑과 믿음으로 통치하셨다는 것만 빼고는 우리와 다를 게 없다. 우리는 너무 쉽게 일

탈한다. 그러나 신약이 초대하는 내용은 우리의 생각을 새롭게 함으로 영광에서 영광으로 나아가라는 것이다. 우리가 그리스도 예수의 승리와 권세에 올바로 줄을 맞추고 있다면, 그 분께서 하신 것과 같은 일들을 나타낼 것이다. "무릇 하나님께로부터 난 자마다 세상을 이기느니라. 세상을 이기는 승리는 이것이니 우리의 믿음이니라(요일 5:4)."

"네가 아들이라면…"

광야에서 배운 가장 주된 교훈은 정체성과 유업, 사명, 권세 등 그리스도의 빛 가운데 포함되어야 하는 많은 영역들이다.

그러나 이러한 개념들을 단 한 단어로 요약해보라고 하면, 나는 이렇게 하겠다. "자녀의 신분."

사탄은 예수께 이러한 말을 내던졌다. **"네가 만일 하나님의 아들이어든…"**

이것은 진짜 싸움이다. 네가 누구냐? 네가 아느냐? 정체성은 능력이다. 그러므로 당연히 경쟁이 된다. 예수께서 자유롭게 사역하신 모든 차원에서의 접근권은 광야라는 시험장에서 확보되었다. 두 번째로 가장 강력한 악한 자 사탄은 자신의 지배권이 위협받는 것을 싫어한다. 인간의 약탈은 죽을 수밖에 없고 지옥에 갈 저주를 받은 상황이었기에, 수천년 동안 사탄은 음부의 문에 앉은 왕으로서 도전을 받은 적이 없었다. 누군가 더 센 존재가 땅의 집에 들어가지 않는다면 인류에겐 소망이 없었다. 이것이 광야의 시련에 접근하는 올바른 틀인데,

우리는 잘못 이해할 때가 많다. 예수께서 받으신 유혹을 육체적으로 연약해지신 상태 가운데 사탄이 그 분을 압도한 상황의 조마조마한 스토리로 읽는 경향이 있다. 유혹에 굴복하는 우리 스스로의 경향을 투영한 관점에서 읽어, 이 이야기가 끝나면 심지어 안도감을 느낄 정도다. 휴! 예수께서 해내셨다! 포기하지 않으셨다.

아니다. 결코 그런 것이 아니다. 이렇게 생각한다면, 금식을 오해한 것이다. 더 심각한 것은, 예수라는 인간을 오해한 것이다. 예수께서는 지금 수비하시는 입장이 아니시다. 사냥감을 찾는 사냥꾼처럼 돌아다니시는 것이다. 만군의 주 즉 하늘 군대의 대장께서 육신을 입고 오신 분이시며, 이것이 그 분의 전쟁의 방법인 것이다. 마태와 누가가 **무슨** 일이 일어났는지에 대해 더 상세한 묘사를 전달해주고 있지만, 마가의 간결한 기록이 **왜**였는지를 이해하는 데에 도움이 될 중요한 문구들을 보여주고 있다. 예컨대, 마태와 누가는 예수께서 그냥 "성령의 인도를 받아" 광야로 들어가셨다고 기록하는 한편, 마가는 성령께서 "몰아내셨다"고 말씀한다. 어떤 번역에는 "강요했다"고 말씀한다. 〈더메세지〉성경은 "성령께서 예수를 광야로 **밀어 넣으셨다**. 40일간 주야로 광야에서 사탄의 시험을 받으셨다. 야생 동물들이 그의 친구가 되었고 천사들이 수종들었다(막 1:12)"고 번역한다.

야생 동물과 천사들도 중요한 의미가 있지만, 지금은 "밀었다" 혹은 "강요했다"는 단어를 살펴보자. 헬라어로 **에크발로**는 "거칠게 밀다"라는 뜻이다. 다른 곳에서는 예수께서 귀신을 쫓아내셨을 때 귀신을 **에크발로**하셨다고 기록한다. 그런데 지금은 성령께서 예수를 시험의 자리로 **에크발로**하셨다는 것이다. 하나님께서는 이 싸움을 갈망해 오셨다. 그러므로 아버지께서 기쁨으로 글래디에이터 같은 당신의 두려운 용사를 광야라는 광대하고 조용한 무대로 놓아주셨다. 30세의 예수께서는 현역 제사장 사역을 할 자격이 되셨다 (민 4:3 참조). 30세는 또한 야곱이 사랑한 아들 요셉이 끔찍한 시험의 자리로부터 충만한 권세와 오래 전에 예언되었던 영향력의 자리로 올라간 때였다 (창 41:46). 메시아 예수의 선조인 다윗 역시 30세에 왕관을 썼다 (삼하 5:4). 사실 예수께서는 구약의 모든 전형과 그림자를 광야로 가지고 들어가신 것이었다. 무엇이 달려있는지 아셨다. 왜냐하면 모든 것이 그 분께서 **누구이신가**를 중심으로 이뤄지는 것이기 때문이었다.

흥미로운 점은, 그 분께서 누구이신지가 이미 정의되었다는 사실이다. 금식 이후가 아닌 이전에 하늘로부터 외침이 있었다.

"이는 내 사랑하는 아들이라!"

이어진 모든 시험은 이 관점에서 보아야 한다. 사탄의 전략은 예수께서 불안과 조급함으로 아버지의 말씀을 부인하는 데에 이르도록 만들려는 유혹이었다. 결국 주님께서는 아직 한 사람도 치유하신 적이 없고 귀신 하나도 쫓아내신 적이 없으며, 단 하나의 메시지도 전하시지 않은 상태였기 때문이다. 물이 포도주로 변한 적도 없었다. 나무가 마르게 된 적도 없었다. 폭풍이 잠잠해진 적도 없었다. 십자가도 부활도, 승천도 아직 일어나지 않은 일이었다. 얼마나 많은 이들이 우리 자신을 증명해 보여야 한다고 느끼는가? 특히 사역 가운데서 말이다. 인정을 받기 위해 아무것도 이룬 게 없다면 어떻게 사랑을 받을 수 있을까? 사탄은 거짓말에 호소한다. 네가 하나님의 아들이라면 그에 걸맞게 행동해라! 무언가를 해봐라! 메시아의 면모를 보여봐라!

그러나 아들은 아버지에게 어떤 것도 증명할 필요가 없다. 단순히 사랑 안에 거하는 것이다. 어떠한 공적 사역이나 개인적인 승리가 있기 전에, 예수께서 어떠한 "일"도 하시기 전에, 그 분의 관계는 성과가 아닌 유전적 이유로 안전한 것이다. 사탄의 무기고에 있는 가장 큰 거짓말 중 하나는 하나님께서 인간의 존재human beings보다 인간의 행위human doings를 사랑하신다고 우리를 설득하려는 것이다. 예수께는 이력서가 없었지만, 아버지의 사랑을 받으셨다. 얻으신 게 아니라 받으신 것이다. 바로 이러한 배경에서 원수에 맞서기 위해 광야로 몰리셨던 것이다.

세 가지 유혹 중 두 가지에서 주된 도전이 "네가 **만일** 하나님의 아들이어든…"이었던 것은 우연이 아니다. 흥미롭게도 우리는 이것을 직접적인 도전의 언어로 받아들인다. "네가 아들이냐? 증명해 봐라!" 그러나 헬라어로 보면 더 미묘하고 교활하게 들린다. "네가 아들이기 **때문에** 가서 드러내야 한다." 세 번째 시험은 이렇게 시작된다. "예수, 너는 약속을 알고 있다. 이 높은 곳에서 뛰어내리면 내려가는 중에 하나님이 네 발가락 하나도 부딪히지 않게 하실 것이다. 천사들이 너를 땅까지 안전하게 지탱해줄 것이다."

성과가 용납의 증거라면, 나의 정체성은 행위의 산물일 수밖에 없을 것이다. 그런데 그것은 모래 위에 세워져 있기 때문에 사탄의 시험을 결코 견딜 수 없다. 예수께서 결국 많은 기적과 선행으로 타락의 모든 면을 장악하시는 모습을 보이실 때, 그 3년 반의 "응용 신학"의 시간은 원칙적으로 40일 동안 여기서 거짓을 묶으심으로 먼저 성취되었던 것이다.

이래서 사탄과 예수의 갈등은 주님께서 육체적으로 연약해지신 탓에 겉으로는 시각적으로 엄청난 도전처럼 보이지만, 우리는 그 등식을 뒤집어야 한다. 그 승리를 확보해준 것은 사실상 40일 금식의 힘이기 때문이다. 미네르바 금식을 했을 때 하나님께서 내게 해주신 말씀도 바로 이것이었다. "**이 영의 능력을 깨뜨릴 수 있는 유일한 방법은 예수와 같은 40일 금식이다**"라는 말씀이었다. 영적 갈등이 아무리 외적인 것처럼 보여도, 진짜 전쟁은 항상 내면에 있는 것이다. 의지와 육체의 관리—우리의 속사람이 하나님의 영께 항복한 상태—에서 진짜 시험이 나타나는 것이다. 금식은 우리의 육적 능력의 중심을 고의적으로 전복시킨다. 이는 내면의 승리를 외면으로 전환시키는 것이다. 모든 능력의 중심이 예수께 절하게 된다.

예수의 사역은 전적으로 그 분께서 누구신지를 단순히 드러낸 것일 것이리라. 그 이상도 이하도 아니다. 주님께서는 세상의 기초가 놓이기도 전에 죽임 당하신 어린 양이시다. 기적을 일으키는 배교자가 연단을 찾고 있는 것이 아니다. 이 부분을 놓쳐선 안 된다. **예수께서는 광야에서 십자가를 선택하셨다.**

그러니 예수께서는 유혹의 폭풍을 겨우 견뎌내는 것이 아니라, 인류가 하나님과의 관계를 세워 온 기초가 된 타락한 거짓 체계의 취약점을 솜씨 좋게 드러내고 계신 것이다. 그 거짓 체계는 이런 것들이다. "사람의 식성이 진정으로 사람을 먹여 살릴 수 있다." 십자가 주변의 지름길들이 하나님의 충만한 목적을 이뤄낼 것이다." "시험은 하나님께서 좋게 여기지 않으신다는 표시다." "절반의 거짓말은 절반의 진리가 될 수 있다." "하나님과의 내면의 삶은 외면적 행위보다 열등하다." "혼돈과 분열은 우리의 정체성을 정의하는 것이 아니라 희석시킨다." 친구들이여, 예수께서는 이 대결의 표적이 아니시다. 사탄이 표적이다! 마귀는 주님 앞에 독 안에 든 쥐다. 너무나 교만으로 가득하여 자신이 예수를 이기는 것이 아니라 그 분을 높이고 있음을 깨닫지 못한다. 광야로 유인된 악한 사탄은 자신이 애초에 에덴에서 이뤘던 성공을 다시 한번 얻을 수 있을 것이라고 착각한다. 그러나 결국 사탄은 무력화될 뿐이다. 그래서 더 "적절한 때(눅 4:13)"를 기다리며 몰래 숨어있다.

새 아담과 신실한 이스라엘

최초의 예수 운동과 마찬가지로 새로운 급진 예수 운동도 대단한 수준의 성령의 능력에 대한 믿음으로 작용할 것이다. 불신을 축출시키고, 하나님의 진리를 희석시키는 것이 아니라 애써 믿고자 하는 운동일 것이다. 우리의 가치를 증명하기 위해서가 아니라, 옳은 생각을 얻고자 하여, 사랑에 대한 반응으로 장기 금식을 포용할 것이다. 그러나 배고픈 날들이 왠지 의무 사항을 충족시켜주기 때문이 아니라, 장애 요소들이 사라지고 영적 상태가 솟아오르게 되기 때문에 금식은 영적 연료인 것이다. 적절한 속죄를 이루기 위해 무리하는 것이 아니라, 사랑에 감격하여 새롭게 되는 것이다.

여기서 다시 예수께서는 합격점으로가 아니라, 온전하고 전적인 승리를 확실시하기 위해 강수를 두심으로써 길을 닦으신다. 마가는 예수께서 "들짐승들과 함께" 계셨음을 알려주어, 아담이 본래 창조 세계에 질서를 이뤘다는 것과 이 시나리오를 연결시킬 수 있도록 돕는다. 예수께서 **새** 창조 세계를 만들고자 나아가실 때, 아담과 예수 사이의 대조에 주목해 보라. 아담은 낙원에서 배가 부른 상태에서 유혹을 받았다가 실패했다. 예수께서는 타락한 세계에서 죽을 정도로 시장하신 상태에서 유혹을 받으셨지만 성공하셨다.

아담은 음식을 **먹고** 실패했다. 예수께서는 음식 **없이** 승리하셨다.

이것이 주님의 권세의 시작이지만, 아직 끝은 아니다. 두 번째 시험에서 사탄은 철면피하게 이 신흥 구원자가 자신의 영토에 대한 지배권에 굴하기만 하면 너그러이 "모든 권세"를 내려주겠다고 제안했다. 마치 영주가 봉신에게 특권과 지위를 수여하듯 말이다. 예수께서는 사탄의 근본 권리나 그 제안의 실질적 가치를 두고 경합하고자 하지 않으셨다. 횡령자인 사탄은 아담에게 속임수와 기만으로 사실상 지구에 대한 부동산 권리 증서를 받아낸 것이었다. 그러나 예수께서는 하나님께서 미리 정해주신 방법대로 그것을 되찾으실 것이었다. 주님께서는 아담이 실패했던 영역에 순종하고 이스라엘이 의심했던 영역에서 신실하심으로 그렇게 하실 것이었다. 이야기의 끝에 가서 주님께서는 제자들에게 사탄이 약속한 것을 아버지께서 이미 주셨다고 말씀하신다. "하늘과 땅의 **모든 권세**를 내게 주셨으니(마 28:18)."

많은 이들이 예수께서 모든 시험에 신명기 말씀을 인용하여 대응하셨음을 알지 못한다. 이스라엘이 마침내 약속의 땅에 들어갈 수 있도록 준비시키기 위해 모세가 지시한 내용을 담은 책 말이다. 그들 뒤에 남은 모래 속에는 한 세대 전부의 뼈가 묻혔다. 60세가 넘은 모든 이들은 한 가지 이유로 그렇게 죽었다. 불신이었다. 이전에 있었던 모든 일에 대한 회고적 요약을 담은 신명기는 항상 하나님의 말씀을 듣고, 믿음으로 반응하며 순종하라는 모세의 마지막 경고였다. 예수의 승리가 에덴 동산에서 있었던 아담의 실패와 병행되는 동시에 그것을 무효화하는 것과 똑같이, 예수께서는 이스라엘의 역사적 실패를 재창조하여 무대에 올리고 계셨다. 당신께서 저주를 조직적으로 역전시키고 약속을 구속하실 수 있도록 말이다.

모세가 하나님의 율법의 언약을 확증하기 이전에 금식했던 것처럼, 예수님의 금식도 새롭고 영원한 은혜의 언약이 보여지기 위한 준비였다. 40일 동안 예수께서는 배고픔과 목마름, 하나님을 의심하도록 만드는 유혹을 통해 이스라엘의 광야 여정에 발맞추신다. 그들이 받은 벌은 신실한 정탐꾼들이 약속의 땅에서 보낸 하루당 1년에 해당하는 것이었다. 그래서 40일이 40년이 된 것이다. 예수께서는 인류가 사탄의 거짓말에 종노릇을 하게 된 저주를 깨뜨리려 그 40년에 맞추어 하루씩 금식을 하신 것이다. 40년이 40일이 된 것이다.

나는 이 때문에 예수께서 사탄에게 대답하실 때 신명기의 한 작은 부분에 집중하셨다고 믿는다. 잘 알려진 쉐마의 기도와 연관된 부분이다. "이스라엘아 들으라! 우리 하나님 여호와는 오직 유일한 여호와이시니(신 6:4)." **쉐마**는 "들으라"는 뜻이다. 이것은 많은 경우 유대인 어린이가 암송해야 하는 첫 번째 토라 본문이었다. 마음으로 외워 하루 두 번씩 암송했다. 신명기 6-8장에는 땅을 취하라는 약속 및 격려와 함께 하나님을 시험하지 말라는 경고가 담겨있다. 다시 말해, 듣고 순종하라는 것이다! 과거를 통해 배우라는 것이다. 조상들에게 40년이라는 값비싼 대가를 치르게 했던 불신의 크나큰 위험을 인식하라는 말씀이다.

돌을 떡으로 바꾸라는 도전을 받으신 예수께서는 수수께끼 같은 대답을 하신다. "사람이 떡으로만 살 것이 아니요(마 4:4)." 그러나 이 대답은 우리가 신명기 8:3의 전체 문맥을 이해할 때에만 회피적이지 않음을 알게 된다. "너를 낮추시며 **너를 주리게 하시며**…사람이 떡으로만 사는 것이 아니요 **여호와의 입에서 나오는 모든 말씀으로 사는 줄을** 네가 알게 하려 하심이니라."

예수께서는 당신의 주림에 대한 목적을 품으셨다. 그것은 음식이 아닌 하나님의 음성으로 살도록 육체를 훈련시키기 위한 것이었다. 마귀는 아들이라는 신분이 일차적으로 특권인 것으로 진술하도록 예수를 유혹하지만, 예수께서는 하나님의 음성에 대해 순종하는 훈련이 된 상태로 그것을 해석하신다. 스스로에게 음식을 제공할 수 있는 능력보다 당신의 굶주림이 더 예수를 하나님의 아들로 지명하도록 만들었다고 말할 수 있을 것이다. 주님의 떡은 아버지의 뜻을 듣고 행하는 것이다.

쉐마의 핵심 포인트는 "사람들아, 하나님의 음성을 들으라!"는 것이다. 그러나 귀가 있다고 사람이 실제로 듣는 것은 아니다. 얼마나 많은 제자들이 한 번이라도 제대로 듣고 순종하는가? 열린 귀만 진정으로 들을 수 있는 것이다. 출애굽기 21장은 노예만이 귀 하나를 더 열 수 있었음을 보여준다. 왕족인 종 그리스도로 하여금 "여자에게서 나게 하시고 율법 아래에 나게 하신 것은 율법 아래에 있는 자들을 속량하시고 우리로 아들의 명분을 얻게 하려 하심(갈 4:4-5)"이었다.

아들을 통해 주님께서는 종으로서 당신의 귀를 여사, 아들 된 우리도 어떻게 살아야 하는지를 보여주실 것이다. 이사야서에서 고난받는 종은 이렇게 선포한다. "주 여호와께서 나의 귀를 여셨으므로 내가 거역하지도 아니하며 뒤로 물러가지도 아니하며(사 50:5)." 사탄은 끝없이 부드럽고 영리한 거짓을 말하지만, 예수께서는 다른 음성에 주파수를 맞추고 계신다. 그러므로 어떠한 악도 그 분께 들러붙을 수가 없다. "이 세상의 임금이 오겠음이라. 그러나 그는 내게 관계할 것이 없으니… 내가 아무 것도 스스로 할 수 없노라. 듣는 대로 심판하노니 나는 나의 뜻대로 하려 하지 않고 나를 보내신 이의 뜻대로 하려 하므로 내 심판은 의로우니라(요 14:30, 5:30)."

마찬가지로 성전에서 뛰어내리라고 재촉 받으실 때도 예수의 대답에 담긴 진리는 단순히 하나님을 시험대에 올리는 것을 피하기 위함이 아니라 이스라엘이 "맛사에서 하나님을 시험했던(신 6:16)"것같이 하기를 피하고자 하신 것이었다. 이를 온전히 이해하려면, 시편 95:7-11과 히브리서 3-4장을 읽어보라. 이러한 종류의 시험은 반대 증거가 충격적임에도 불구하고 하나님의 능력과 선하심을 신뢰하기를 거부하는 불평하고 고소하는 영이다. 주림의 시험은 사람의 내면에 있는 사상누각을 들춰 보여준다. 그 때문에 우리가 자녀됨에 있어 더 성숙한 단계로 나아가고자 할 때에 장기 금식이 중대한 것이다. 금식은 불신의 마음을 하나님의 철저한 조사, 치유, 강하게 하시는 역사 가운데로 최대한 드러내주는 쐐기인 것이다.

선택 받은 금식

최종적 예수 운동의 세대는 기이한 방식으로 땅을 취하게 될 것이라고 믿는다. 부분적으로 이것은 예수께서 40일 금식을 넉넉히 끝내심으로, 더 이상 저주 받은 광야가 아닌 정복하는 광야가 되도록 하셨기 때문이다. 더 이상 믿음 없이 방황하는 것이 아니라 완성을 향해 전진하며 우리는 그 승리 가운데 참여하여, 주님을 따라 40일 속으로 들어가는 것이다. 나는 샌디에이고에서 한 미네르바 금식의 31일째에 여기에 강력히 연결되는 것을 느꼈다. 승리가 나의 금식 자체는 아니었지만, 금식이라는 전쟁은 내가 주님의 승리라는 깊은 계시로 움직여 들어가기 위해 필수적이었다. 우리가 다음 세대에 전수해줄 수 있는 가장 강력한 것은 그들이 이 지식을 스스로 체득할 수 있는 방법이다. "주님을 친밀하게 아는 (영적) 조상들은 머리로만이 아니라 마음 깊은 데서부터 하나님 아버지께서 이미 우리 주 그리스도 예수 안에서 전쟁에 승리하셨음을 이해한다[7]."

승리는 항상 금식이 아닌 십자가에 있다. 그러나 하나님의 지혜 안에서 우리는 다른 어떤 체험보다 금식을 통해 분명히 이 지혜의 특정한 면면들 속으로 깊이 가로질러 들어가야만 한다. 금식은 전쟁이다. 십자가가 전적으로 승리에 대한 것이기 때문이다. 우리는 이 계시를 받고 또 받아, 지속적으로 기도 가운데 그것을 풀어놓아야 한다. 금식의 31번째 날에 나는 나의 승리가 아닌 주님의 승리를 울부짖고 있었다.

사탄의 모든 유혹은 예수에게 십자가로부터 독립적인 능력의 모양을 나타내도록 자극하기 위해 고안된 것이었다. 다른 많은 부정적 결과도 있지만, 이것은 다가올 세대들에게 정체성과 승리를 전수해 줄 그 분의 능력을 부정할 수도 있었다. 마가가 천사들이 그 분께 수종들었다고 이야기할 때, 우리는 엘리야가 엘리사를 받게 되는 모습을 떠올리게 된다. 갑절의 축복을 소유한 아들 예수도 자녀들을 일으키고 계신다. 주 예수의 충만한 유산은 당신의 순종적인 모습을 닮은 더 많은 이들을 일으켜 세우는 것이다.

그리스도와 연합함으로 우리는 그 분과 동일하게 받아들여진다(엡 1:6, 요

---

[7] — John Loren Sandford 〈Healing the Nations: A Global Call to Intercession〉 (Grand Rapids, Mich.: Chosen, 2000), 98쪽.

17:23). 하나님의 것과 같은 생명으로 만들어진 친아들로서, 그리고 영원하신 아들의 피를 나눈 형제로서, 예수께서 머리 되신 당신의 몸의 지체이자 당신의 영을 가진 자들로서, 우리가 어떻게 더 가까워질 수 있겠는가?… 이 새로운 종은 그리스도라는 신성한 원형을 따라 만들어지는 것이다. 그들은 주님의 정확한 분신이 되어야 한다. 진짜 유전자형으로, **완전히 그 분과 같아야 한다. 유한한 존재가 무한한 존재와 같아질 수 있는 것처럼 말이다**[8].

이제 어쩌면 예수의 새벽빛이 얼마나 위대했는지를 조금 더 잘 이해하게 됐을지 모르겠다. 여명의 군대에게 우리는 그 분의 오심의 광채를 드러내기 위해서만 존재한다는 사실을 인식하는 것은 필요하다. 주님의 생명 안으로 들어가는 자들은 빛의 여단이 된다. 다시 말해, 주님의 영광을 둘러싸고 대형을 이루지 않으면, 동원을 위한 모든 노력은 거의 무의미해진다.

이 때문에 예수 금식을 연구하는 것이다. 우리 스스로가 그 분께 복종할 수 있는 지주가 되어주기 때문이다. 우리는 위치 상으로 예수 안에 존재하는 것만큼 체험적으로 그 분 안에 살아야만 한다. 그 목적은 하늘에서 풀어지지 않은 우리 스스로의 어떤 것도 이 땅에 풀어놓지 않기 위함이다. 그 자리에서는 우리를 통해 예수의 권세가 아무런 제약 없이 완벽히 나타난다.

---

8 — Bilheimer 〈Destined for the Throne〉 38쪽, 37쪽.

그뿐만 아니라 예수의 금식은 그냥 엄격한 식습관에 일부 어려운 유혹이 더해진 것이 아니었다. **선택된** 만남이었다. 성령께서 이것을 원하신다! 성령께서는 우리도 이것을 원하길 바라신다. 이 사실은 우리를 장기 금식에 대한 정형화되고 제의적인 접근으로부터 구해주되, 우리를 향하신 하나님의 깊은 갈망에 대한 확신 속으로 옮겨가게 해준다. 우리의 삶 속에 새로운 은혜의 길을 풀어준다. 친구여, 금식은 은혜에 반대되는 것이 아니며, 오히려 전적으로 은혜에 달린 것이다. 언제라도 금식에 대한 충동을 느낀다면, 마귀가 유혹하는 것이 아님을 확신해도 좋다!

음식을 먹고 TV를 보는 일에 은혜가 조금이라도 필요한가? 그렇지 않다. 반면 절제하고 기도하는 데에는 절대적으로 은혜가 필요하다. 그렇다면 우리의 마음이 주님의 영에 대해 더욱 열릴 때, 열쇠는 의지력이 아니라 거기서 만들어지는 것이 주는 기쁨에 있는 것이다. 금식과 기도를 위해 필요한 은혜로부터 자신을 닫아버릴 때, 우리는 하나님을 경험하기 위한 대역폭을 일부 줄이는 것이다. 사실 나는 더 많은 것을 위해 지으심 받았고 내 영은 더 많은 것을 위해 **세워졌는데**, 마치 기가 인터넷을 전화 접속 모뎀과 교환하는 것과 같다. 은혜를 사랑하는 자들은 금식의 잔치를 결코 두려워하지 않는다. 왜냐하면 거기엔 배타적으로 거기서만 발견되는 전심이라는 식탁 위에 자신을 위해 준비된 자리가 있기 때문이다. 친구여, 그것이 정말 급진적인 은혜다. 여러분은 하나님의 모든 깊은 것을 할 수 있는대로 다 체험하고 싶은가? 그 중 일부는 금식의 은혜를 행하는 이들을 위해서만 유보되어 있다.

그러니까 생활 방식으로서의 금식은 아름답고 성경적이지만, 선택받은 금식은 철저히 선교적이다. 왜냐하면 예수의 충만하고 역동적인 사역이 모든 영토와 주권 가운데 배가되기를 바라는 아버지의 갈망을 상징하기 때문이다. 그 때의 해답은 지금의 해답이기도 하다. 그러므로 성령께서는 다시 한번 이 땅 전역을 품고 호흡하시며, 그리스도의 몸된 교회를 장기 금식 속으로 **에크발로**하사, 우리가 능력에 도전하고 권세로 나타나기를 기대하신다. 가까운 과거에 홀과 브라이트를 통해 성령께서는 이 일을 하셨다. 나는 그 분께서 다시 그렇게 하고자 하신다고 감히 믿는다. 왜냐하면 여명이 가까웠기 때문이다. 사실 예수 금식은 우리가 지금껏 살펴본 부분적이고 특정한 금식들의 회로를 역동적으로 완성시켜준다. 생각해보라.

- 예수께서는 광야에서 사탄을 극복하심으로 다니엘의 전쟁 금식이라는 군사적 승리를 달성하셨다.
- 예수께서는 (새로운) 언약을 도입하심으로 모세의 금식을 이루셨다.
- 예수께서는 많은 다른 자녀들을 낳을 수 있는 위치에 당신의 생명을 두심으로 엘리야의 성공을 거두셨다.
- 이스라엘에 급진적 구원을 가져오심으로 에스더 금식을 이루셨다. 그에 이어진 거대한 추수 사역으로 민족이 구원되었다!

다시 말해 예수 금식은 다른 모든 성경적 금식의 정점이라고 할 수 있다. 이에 대해 더 많은 이야기를 할 수도 있을 것이다. 그리고 사실상 많은 책들이 이 주제들을 다루었다. 나의 목표는 조직신학을 펼쳐 보이는 것보다는, 예수 금식의 진정한 능력에 대한 계시의 주요 포인트를 전하는 것이다. 그러니까 짧게 정리하자면, 예수 금식은

1. 성령께서 크게 갈망하신다는 면에서 "선택된 금식"이다. 일상적 금식이 아니라 자녀됨으로의 부르심이다.
2. 아버지의 무조건적인 사랑과 인정에 기초를 두고 있다. 사랑은 정체성을 형성하지만 예수 금식은 그것을 확립한다.
3. 제자의 듣는 귀의 중심을 아버지의 음성에 둔다.
4. 하나님께 복종하고 인간의 식욕을 절제함으로 내면의 권세를 낳아, 하나님의 때와 약속을 신뢰함으로 영혼으로부터 불신을 몰아낸다.
5. 천사와 정사들 간의 천상 전쟁을 개시한다.
6. 대규모 전도를 위한 길을 예비한다. 표적과 이사가 그 뒤를 따를 것이다.

우리는 위에 열거된 항목들을 달성하는 것이 아니라, 우리를 위해 그것들을 달성해 주신 분을 믿는 것이다. 실로 예수 금식은 **우리를 통해 금식하시는 예수**에 대한 것이다! 그렇다고 쉬워질까? 별로 그렇진 않을 것이다. 우리도 시험을 받을 것이다. 사탄의 전술은 예수께서 직면하셨던 것들과 평행선 상에 있을 것이다. 우리의 정체성을 흔들어 놓기 위한 것들 말이다. 사탄은 스트레스, 갈등, 배고픔, 감정적 압박,

약속의 지연, 영리한 거짓말 등 광야의 건조한 풀무불을 이용할 것이다. 우리의 자녀됨을 의심하도록 만들기 위해서 말이다.

10일이든 20일, 40일이든 음식 없이 사는 것이 아니라 예수께서 마치신 일에 대한 신뢰 가운데 우리가 거할 때 성령께서 이 다음에 어떻게 위대하게 역사하시는지를 보고 그것을 관리할 수 있게 되는 것이다. 누가복음 18:8에서 예수께서는 이렇게 묻지 않으셨다. "인자가 올 때, 이 땅에서 금식과 기도를 볼 수 있겠느냐?" 이렇게 물으셨다. "세상에서 믿음을 보겠느냐?"

가장 단순한 공식으로 정리해 보면, 금식은 우리가 정신을 차리도록 도와준다. 아니면 정신 차리는 수준을 넘어 믿음의 영역으로 들어가도록 해준다. 이 때문에 금식은 **우리를 위한 것이지 하나님을 위한 것이** 아닌 것이다. 그리스도와 연합된 우리의 진정한 지위를 통해서, 그리고 그 **안에서** **스스로**를 볼 때, 우리는 다른 이들을 자유롭게 풀어 줄 수 있는 권세와 긍휼의 사역을 할 수 있다. 너무나 많은 경우 금식 없이 이 일은 있을 수 없다. 왜냐하면 우리의 초점이 매일의 바쁨과 지상계의 욕구들로 흐려지기 때문이다. 금식이 더해진 기도는 우리의 리듬을 성령의 억양으로 다시 맞춰준다.

이것이 성령의 인도를 받는다는 말의 의미다.

성령이 이끄는 삶

기억하라. 예수께서는 성령께 이끌려 광야로 들어가셨다. 하나님께서는 마치 휘발유 차가 휘발유를 넣어야 달리고 경유 차는 경유가 있어야 힘을 내듯, 아담류類를 "성령"으로 달리게 창조하셨다. 예수께서는 이러한 인간 고유의 수용력을 재탈환하기 위해 오셨다. 그러므로 주님의 사역의 시작이 성령께 인도 받은 행위였던 것은 우연이 아니다. 마지막 아담으로서 예수께서는 폐에 신성한 호흡을 가득 채우시고 광야로 들어가셨다. 그것은 당신의 영을 다시 아버지께 맡겨 드리기까지 한 번도 멈추지 않은 과정이었다. "숨지시니라(눅 23:46)."

반면 아담은 신성한 호흡을 박탈 당하고 자신의 모든 후손들이 이기적 충동투성이인 육적 본성에 이끌리도록 만들었다. 패역함은 그로 인한 여러 결과 중 하나였다. 예수께서 제자들의 잘못된 관점을 꾸짖으신 말씀은 그들에게 이상으로 우리에게 해당되는 것이다. 어떤 면에서 우리의 믿음 없고 패역한 세대는 광야에서 금식하고 기도하는 시간이 가치 있는 목표라고 결단할 때에만 치유될 것이다.

그렇게 할 때 우리는 구약의 성도들뿐만 아니라, 바울 사도와 같은 이들과 함께하게 될 것이다. 바울이 얼마나 놀라운 계시들 가운데 행했는지 생각해 보라. 갈라디아서의 앞 부분에서 그는 자신이 계시를 받은 방법을 이야기한다. 예수께 직접 받았다는 것이다! 그는 예수와 이야기를 나눴으며, 심지어 개인적으로 그 분을 만났다. 그리고 그 영향력은 너무나 엄청난 것이라 바울은 더 이상 자신이 살지 않고 그리스도께서 사시는 것이라고 고백한다. 그렇게 위대한 계시를 받고 굳이 왜 금식을 했을까? 그 답은, 이 등식을 뒤집어 생각하는 것이다. 바울도 고린도 교인들에게 자신이 "자주 금식한다"고 말했기 때문이다(고후 11:27).

이 상관 관계를 이해할 수 있는 게 신학자들뿐인가?

바울은 자신의 영혼을 하나님께 최고로 민감한 상태로 유지하기 위해 금식의 패턴을 유지했고, 그리하여 지속적인 계시와 교제 가운데 거했다. 이 때문에, 우리가 오늘날 더 이상 금식하고 기도할 필요 없다는 책을 읽게 된다면 그러한 메시지를 경계하는 게 좋다. 그 책의 저자 스스로가 금식이 우리를 참된, 성령의 인도를 받는 존재로 만들어주는, 심오하게 새롭고 올바르도록 만들어주는 체험을 한 번도 못했을 것이기 때문이다.

다른 많은 훈련들도 이 역동성에 기여를 하지만, 금식은 그 개별화된 잠재력에 있어 구별된다. 또한 이것이 단체 금식에 원자력이 담겨 있는 이유다. 많은 "자녀됨의 정체성"이 배가된 능력으로 믿음의 곳으로 들어가면 무지막지하기 때문이다! 그러므로 장기 금식이 기독교의 체험의 역사 가운데 널리 도외시되어 왔다는 점은 더더욱 비극적이다. 성령의 은사들과 마찬가지로, 금식이 불필요하다고 말하는 사람은 누구든 체험이 없어서 그런 것이다. 친구여, 우리는 이 훈련이 필요 없을 정도로 성숙하지 못했다! 그 어느 때보다도 지금 필요한 훈련이다. 구속의 가장 주된 기능 중 하나는 우리를 다시 성령의 인도 받는 자리로 되돌려 놓는 것이다. "성령이 친히 우리의 영과 더불어 우리가 하나님의 자녀인 것을 증언하시나니 자녀이면 또한 상속자 곧 하나님의 상속자요 그리스도와 함께 한 상속자니, 우리가 그와 함께 영광을 받기 위하여 고난도 함께 받아야 할 것이니라(롬 8:16-17)."

상속자들은 일상적 훈련 너머의 수준에서 예수를 붙든다. 다가올 날들 가운데 이 일이 전세계적으로 일어나야 한다면, 새로운 예수 운동은 있음직한 것이 아니라 불가피할 것으로 믿는다.

4부

열방을 추수하라

하나님의 모든 위대한 일에는 세 단계가 있다.
먼저는 불가능하고 그 다음엔 어려우며, 그 다음엔 이뤄진다.

| 허드슨 테일러 |

| 11 |

때를 이해하라

40일을 등한시 하지 말라.
그리스도의 삶의 방식을 닮도록 해주기 때문이다.

• 안디옥의 성 이그나티우스 (주후 35-108) •

요한은 어린 양 예수에 대해 이렇게 말했다. 그 분께서 오시면 우리가 그 분의 오심을 알 것이라고. 왜냐하면 성령과 불로 땅에 세례를 주실 것이기 때문이었다. 새로운 예수 운동을 부르짖을 때 우리는 결코 그에 못 미치는 것을 구하는 것이 아니다.

세상의 기초가 놓이기 전에 죽임 당하신 어린 양(계 13:8)은 전적인 구속을 위한 하나님의 아이디어였다. 그러므로 예수께서는 구원과 치유, 해방과 정의의 운동이시다. 예수께서 홀로 이루신 것들을 성령께서는 대규모로 행하고자 갈망하신다. 이 책을 통해 우리는 표적과 이사, 대규모 전도의 새 시대를 촉구하고 있다. 사람들에게 성령과 불의 세례를 준다는 것은 이런 의미다.

1. 씻음— 개인적 중독, 정욕, 무기력 및 모든 다른 범죄로부터의 해방
2. 권한 부여— 전세계적 오순절 역사의 폭발과 더불어, 복음의 담대한 선포와 주님의 말씀에 동반되는 기적
3. 반향— 다가올 추수는 너무나 많아서 우리가 전례 없는 방식으로 어린 양의 전투 슬로건에 함께해야만 한다. "추수하는 주인에게 청하여 추수할 일꾼들을 **에크발로**하소서 하라(눅 10:2)."

마헤쉬 차브다는 예수의 능력의 비밀이 누가복음 4장 1절과 14절에 나타난다고 기록한다. 성령께 이끌려 광야에서 사탄을 마주하신 뒤 "**성령의 능력으로** 갈릴리에 돌아가시니(14절)."

> 광야의 유혹 전에 성경은 예수께서 **성령으로 충만하셨다**고 말씀한다.…광야 유혹과 40일 금식이 끝났을 때 예수께서는 사탄을 완전히 이기셨고 그 체험으로부터 **성령의 능력으로** 나아오셨다[1]!

다시 말해, 우리가 금식의 풀무불을 포함하는 예수의 발자취를 따라가면, 기름 부으심 받으신 아들께서는 기꺼이 당신의 기름 부으심을 나눠 주신다는 것이다. 우리는 또한 여러 세대가 동시에 움직이도록 만듦으로써 영속적인 부흥을 위해 지속 가능한 모델을 만들기 시

---

1 — Chavda 〈Hidden Power〉 21쪽.

작해야 한다. 금식 가운데 영적 부모들은 끊임없이 역동적이고 갑절의 축복을 받은 자녀들을 낳기 때문에, 그리고 그들이 똑같이 세대를 이어 부모와 같이 행하기 때문에, 바통이 떨어지는 일이 결코 없다. 그러한 전세계적 기도 운동이 한 번이라도 이러한 규모로 시도된 적 있는가?

시대를 분별하라

내가 개인적으로 걸어온 여정을 스스로 이해할 수 있는 유일한 방법은 하나님께서 더콜이 세례 요한 유형의, 어떤 작은 규모의 가시적이고, 유형적인 금식 기도 운동의 형태라고 지명해 주셨던 것이었다. 우리가 미국을 다시 하나님께로 돌려놓는 데에 도움이 될 것이며, 이 예언적 지표가 세례 요한이나 루 잉글, 혹은 일반적 기도 운동 때문이 아니라, 역사의 시계 바늘이 폭발적인 예수 운동을 가리키고 있었기 때문이라고 하셨다. 대형 경기장들을 표적과 이사로 채우고, 수백만 명을 구원하고 치유하며, 세계적 부흥의 분출을 이루게 될 운동이라고 말이다.

그처럼 대담한 발언에는 그리스도의 몸과 그 발언을 들은 이들의 판단이 요구되었고, 그 중 다수는 동의하지 않을 것이었다. 어떻게 판단할까? "예수의 증언은 예언의 영이라 (계 19:10)." 위 발언을 읽는 가운데 역사의 무게와 성령의 증언으로 심령이 뜨거워지는 것을 느꼈다면, 그리고 그 내용이 성경의 분명한 원리와 맞아떨어지는 것을 본다면, 우리는 함께 전세계 그리스도의 몸이 받침목 삼아 회전을 시작할 역사의 한 순간을 목도하고 있는 것일 수 있다.

이것은 미국의 사업이 아니며 어떤 한 단체의 사역이 아님을 강조해서 말하고 싶다. 더콜은 1999년에 '**어떻게 미국을 다시 하나님께 돌려놓을 것인가?**' 하는 내 기도로부터 탄생했다. 하나님께서는 그에 대해 누가복음 1:17의 말씀으로 확증해 주셨다. 미국에 반역보다 더 큰 무언가를 부어주시겠다고. 그러나 측량할 수 없는 여러 가지 면에서 미국은 그 어느 때보다 상황이 안 좋아 보인다. 그래서 지난 몇 년간, 나는 주님께 부르짖었다. "**더콜의 임무가 실패한 것입니까?**" 빌 브라이트의 예언적 소집명령을 돌아보면, 나는 질문할 수밖에 없다. "그의 말씀이 실패였는가? 아니면 하늘에서 전개하는 더 길고, 더 잘 계산된 시간표가 있는가?"

전세계에서 거룩한 성회가 주최되는 가운데, 나는 금식과 기도가 단지 삶의 방식으로서의 선택이 아니라 위기에 대한 훈련된 대응 방법이 되어가는 것을 목도했다. 우리는 대형 경기장들이 채워지기를 기도했었다. 그리고 누가복음 1:17은 우리의 나팔소리였다. 이 일이 약 20년간 반복적으로 일어나 한 세대를 준비시켰다. 그러나 2012년은 변화의 시점이었다. 젊은 YWAM 지도자들 무리가 우리집 거실로 찾아와 더콜이 더 이상 "단순히 금식과 기도가 아닌 표적과 이사로 복음을 선포하게 될 것"이라고 예언하기 시작했다. "경기장들이 가득 찰 것이고, 빌리 그레이엄의 기름부음이 이 나라에 임하게 될 것이다."

이 말씀은 내 심령을 깊이 내려쳤다. 이틀 동안 우리는 함께 기도하며 그러한 전환이 어떤 의미일지를 논의했다. 그렇게 이틀 동안 하나님을 구했을 때, 우리집 거실에서 무슨 일이 벌어지고 있는지 전혀 알지 못하는 다른 주의 한 선지자가 전화해서 내게 메시지를 전해 왔다. 그는 그 전날 주님의 심방을 받았는데, 바로 이런 말씀을 주셨다는 것이었다. "루에게 말하여라. 더콜에 전환이 임할 것이다. 단지 금식과 기도의 모임이 아니라, 표적과 이사로 복음을 선포하게 될 것이다. 경기장들이 가득 찰 것이고 빌리 그레이엄의 기름부음이 이 나라에 임하는 것과 관련이 있을 것이다. 루에게 말하여라!"

　이 말씀을 듣자 믿음이 주먹처럼 나를 쳤다. 주님의 말씀임을 알수 있었다! 빌 브라이트가 나처럼 한 번이라도 의심했을까? 그가 '하나님, 당신께서 약속하신 부흥이 어디 있습니까?'라고 한 번이라도 생각했을까? 우리는 모두 약속이 지연되는 것처럼 보일 때 어려움을 겪는다. 그러나 YWAM의 방문이 있은 뒤 내게 주신 주님의 말씀은 완전히 명료해졌다. 응답을 받은 것이었다. "**더콜이 정말 세례 요한과 같은 유형의 운동이었다면, 너는 예수 운동이 임하고 있음을 알리라!**"

　세례 요한이 마지막 남긴 말씀은 "길을 예비하라"가 아니었다. "하나님의 어린 양을 보라!"였다.

　갑자기 마음 속에 믿음이 솟아났다. 이미 젊은 나실인들이 경기장을 가득 채우고 기도하는 것을 보았지만, 이제는 단순히 회개하는 중보에서 믿음 가득한 기도로 전환해야 했다. 빌리 그레이엄의 기름부음이 미국에 강력하게 임하여 경기장마다 구원의 역사가 가득해지도록 말이다. 나는 우리의 사역이 선을 넘었다고 믿는다. 전세계가 선을 넘고 있다고 믿는다.

"하늘의 수문을 여소서"

이 모든 줄거리는 잠재적으로 훨씬 더 거대한 실체를 의미한다. 하나님께서는 패턴 가운데 역사하기를 좋아하시기 때문이다. 그러므로 많은 이들이 심판의 조짐을 바라보지만, 우리는 분명히 추수의 조짐을 볼 수 있다! 하늘이 비로 점점 무거워지고 있다! 더콜은 얼굴을 무릎 사이에 넣고, 가뭄 가운데서도, 비를 믿는 일종의 예언적인 젊은 이들의 엘리야 운동 역할을 해왔다 (왕상 18:42 참조). 늦은 비의 때라면, 비를 위해 기도하라는 초청이다. 요한으로부터 예수께로의 전환이라면, 수백만이 기도 가운데 신음해야 할 때다. "어린 양을 바라보라! 당신의 성령과 불로 오사 이 땅에 세례를 내리소서!"

깨닫지 못할 수 있겠지만, 마이클 W 스미스가 유명하게 만든 예배 찬양 "성령의 비가 내리네"는 성령의 비를 향한 우리 젊은이들의 외침으로부터 탄생됐다. 록 더 네이션즈 당시에 우리 예배팀 (포켓 풀 오브 록스)이 그 곡을 썼고, 나는 그 곡으로 수년간 기도 인도를 했다. 거기엔 강력한 기름 부으심이 담겨 있다. 기도와 하나님의 예언으로 탄생되어, 늦은 비가 분명 이 땅에 올 것을 노래하기 때문이다.

앞서 말했듯, 나는 1995년 브라이트 박사의 금식에 대한 부름을 개인적으로 받아들여, 미국에 대한 그의 금식 기도의 부름을 확장해서 더콜을 만들었다. 이 일들의 엄청난 연속성은 정말로 중요하다. 세례 요한의 독특한 역할이 사람들을 불러 회개하고 그리스도를 맞을 준비를 하도록 하는 것이었던 만큼, 더콜은 독특하고 조직적으로 미국의 특징적인 범죄에 대한 회개의 메시지를 갖고 있었다. 우리의 성회 가운데 강조되었던 역사적 주기를 상고해 보라.

더콜이 미국에서 주최한 성회들

동기	더콜 집회/연도	주기 연수
누가복음 1:17 (1960년대의 반역)	워싱턴 DC/2000	40
1962년 엥글 vs. 비탈리 (학교 기도 폐지)	뉴욕/2002	40
1973년 로 vs. 웨이드 (낙태 합법화)	댈러스/2003	30
1967년 사랑의 여름 (성 혁명)	내쉬빌/2007	40
1968년 시민 평등권 (마르틴 루터 킹 주니어 암살)	몽고메리/2008	40
1964년 표현의 자유 반역 (버클리)	버클리/2014	50
1906년 신 예수 운동 (인종 화합)	아주사/2016	110

이것은 수백만에게 영향을 미친 우리의 엄숙한 성회들 중 작은 목록이다. 더콜의 회개 메시지는 각 반역의 포인트의 세대간 좋지 못한 결과를 역전시켜 달라는 하늘에로의 탄원과 결합되었다. 위에서 보

듯, 이 중 대부분이 1960년대에 뿌리를 두고 있는데, 마약 문화와 성혁명, 적그리스도 철학의 과잉이 미국을 덮쳤던 때였다. 그러나 나는 하나님의 신실하심에 감동을 받는다. 왜냐하면 그러한 죄악의 주기가 기한을 맞을 때마다, 하나님께서는 그 틈새에 설 중보 운동을 일으키셨기 때문이다. 반역보다 더 강력한 것이 우리 땅에서 일어났던 것이다.

더콜 및 다른 봉헌 운동의 여파로, 세례 요한 같은 나실인 수만 명이 금식 기도하는 성령의 선두주자들로 성숙해졌다. 이것은 우연이 아니다! 예수께서 이 땅에 위대하게 나타나실 때를 촉발시키는 것이다. 우리는 최초의 예수 운동의 속편의 끝에 서 있다. 이 책이 그 목표를 이루었다면, 여러분은 장기 금식이 전체적인 그림 가운데 왜 중요한 것인지를 이제 이해할 것이다. 브라이트 박사의 금식은 나실인 운동을 탄생시켰고, 그것은 약 20년간 현재의 나사렛 운동을 준비시켰다. 이제 그 순간이 온 것이다.

현재의 현재성을 분별하라

우리는 여행 중에 표지판을 보고, 멈춰 서서 그 표지를 추앙하지 않는다. 그 표지가 주는 안내와 **그것이 어디로 인도하는지**에 대한 약속으로부터 위로와 격려를 얻는 것이다. 맞게 가고 있다는 사실을 알도록 도움을 주지만, 그 길은 목적지로 인도한다. 역사의 목적지는 어디일까? 그리고 우리는 그 경로의 어디쯤 있을까? 나실인과 같은 성결 운동이 이 땅에서 일어났다면(나는 그렇게 믿는다), **성경의 역사는 이**

다음에 어떻게 될 것이라고 말씀하고 있을까?

〈나는 주님의 증거〉라는 책에서 션 스미스는 말한다. "역사의 모든 순간은 동등하지 않다. 어떤 순간은 그 중요성 면에서 서사적이다. 이 신성한 순간들에 하나님께서는 당신과 당신의 목적을 계시하시며, 단체 혹은 개인의 역사를 다시 쓰도록 초청하신다[2]."

다시 요엘 2장으로 돌아가 보자. 이 본문은 마지막 때를 나타내기 때문이다. 시간을 내서 다시 읽어보라. 특별히 15-29절을 잘 살펴보면, 요엘 선지자가 (개인이 아닌) 단체 금식의 산물로 이해되어야 할 최소 다섯 가지의 열매를 계시해 준다.

1. 하나님께서는 **당신의 땅에 대한 열심을 갖고** 계실 것이다 (18절).
2. 주님께서는 이른 비와 **늦은 비**를 부어주실 것이다 (23절).
3. 주님께서는 **풍성한 추수거리를 익혀주시고 거두게 하심으로** 그렇게 하실 것이다 (24절).
4. 주님께서는 도둑 맞고 파괴된 것들을 **회복하실** 것이다 (25절).
5. 이 가운데 **주님의 성령의 강력한 부으심**이 꿈과 환상으로 모든 육체 가운데 임할 것이다 (28-29절).

이 약속은 단체 금식에 대한 응답으로 영원히 주어지는 것이다. 하지만 역사적으로 수도원의 전통을 제외하고는, 거의 2천년 동안 세

---

2 — Smith 〈I Am Your Sign〉 71쪽.

계적으로 어떤 금식 운동도 교회사에 등장하지 않는다. 홀의 책으로 무언가가 전환되었다. 나는 하늘의 스톱워치가 돌아가기 시작했다고 믿는다. 〈원자력적인 하나님의 능력〉은 세계적인 단체 금식 기도의 운동을 이전에 알 수 없던 수준으로 촉발시켰다. 하늘의 깊은 벙커 안에서 요엘 2장의 핵 무기가 선택되어 돌아가기 시작했다.

여기서 나는, 루터가 후스의 예언에 대해 그랬던 것처럼, 이야기 속에서 스스로를 발견하라고 여러분에게 도전하고 싶다. 초대 제자들이 오순절에 하나님의 이야기 가운데 자신들을 보았던 것처럼 말이다. 성령 강림 이후, 제자들은 다락방에서 자신들이 요엘의 예언을 실제로 살고 있음을 인식했다. 예언은 성취를 기다리며 존재하고 있었지만, 성경에 대한 베드로의 해석은 그들이 성취였음을 보여준다. 그들은 요엘의 이른 비를 체험하고 있었던 것이다.

그러나 그 예언에는 두 부분이 있다. 늦은 비는 어떻게 된 것인가? 1948년, 신자들은 요엘 2장의 전세계적 금식이 터져나올 때가 되었음을 이해할 정도로 때를 분별하고 있었다. 그 때 이스라엘과 교회는 이해하는 사람이 거의 없는 동시발생성 가운데 움직이기 시작했다. 이스라엘 땅의 회복에 대한 여호와의 열심에 주목하라. 우리 모두는 현대 이스라엘 국가가 1948년에 세워졌음을 알지만, 많은 이들이 그 **시점**의 의미에 대해선 놓쳤다. 약 2천년 만에 최초로 나타난 전세계적 금식과의 관련성 말이다. 그것이 우연일까? 아니다. 요엘 2장의 성취인 것이다!

다음으로 이 방정식의 유대 민족 편을 보면, 이스라엘 땅의 할당

면적이 1967년 6일 전쟁 중에 확장되었다. 이방인 편에선 어떤 일이 있었을까? 바로 그 해, 듀키슨 대학교에서 은사주의 갱신이 시작되었다. 이것은 현대 예수 운동의 시작이었다! 하나님께서 사랑하시는 이 두 개의 커다란 민족, 즉 이스라엘과 이방 교회는 오늘날 하나로 움직이고 있다. 그리고 우리는 더 이상 이 사실에 대해 무지한 채 살아갈 수가 없다. 다니엘과 같이 우리는 말씀을 공부하여, 때를 분별하고 효과적으로 기도해야만 한다.

요엘 2장이 예언한 바와 같이, 늦은 비 운동은 〈원자력적인 하나님의 능력〉에 영감을 받은 금식 운동이 이스라엘이 국가가 된 1948년이라는 시점과 직접적 연관이 있음을 보여주는 현대의 표징이다. 역사는 되풀이되고 있다. 그리고 예레미야가 유다의 포로 생활이 70년간 지속되고 **이후에는 고토로 유대인들이 돌아올** 것이라고 예언한 것과 같이, 우리는 다시 한번 회복의 70년 주기에 다가서고 있다. 성경에서 의미심장하고 상징적인 숫자인 70은 다니엘서의 종말적 역사를 지배하는 숫자다(단 9:24). 많은 학자들은 나아가 인간의 수명으로 한 세대를 상징한다고 제안한다(시 90:10)[3].

---

3 — 이에 더해, 70은 이스라엘에 대한 통치의 숫자(민 11:16-25)이며 창세기 10장에 기록된 이방 민족들의 숫자다.

현대 이스라엘의 70년

아모스서는 우리 시대에 대한 중요한 예언을 보여준다.

"그 날에 내가 다윗의 무너진 장막을 일으키고 그것들의 틈을 막으며 그 허물어진 것을 일으켜서 옛적과 같이 세우고… 내가 **내 백성 이스라엘이 사로잡힌 것을 돌이키리니** 그들이 황폐한 성읍을 건축하여 거주하며… 내가 **그들을 그들의 땅에 심으리니 그들이 내가 준 땅에서 다시 뽑히지 아니하리라.**" 네 하나님 여호와의 말씀이니라.

— 아모스 9:11, 14-15

성령의 주권적 역사로 두 가지가 한 세대에 대하여 연결되어 있다. 첫째, 이스라엘이 다시는 뽑히지 않도록 고토에 회복될 것이다. 둘째, 다윗의 장막이 회복될 것이다.

두 가지, 한 세대.

이 두 사건의 교차점은 역사의 행렬 가운데 신성한 하나의 점이다. 여호와께서는 이스라엘을 3번 심으셨다. 여호수아의 세대에 (주전 1400년경), 스룹바벨의 세대에 (주전 538년), 그리고 1948년 5월에. 그러나 첫 번째 두 사건 이후에 이스라엘은 뽑혔다. 그러므로 아모스 9장을 성취할 수 없었다. 우리는 지금 이 예언이 성취될 수 있는 유일한 세대에 살고 있는 것이다. 우연이 아닌 것은, 아모스가 이 사건에 대해 보여준 확증적 표징이 다윗의 장막의 재건이라는 사실이다. 많은 이들은 이 회복이 전세계적 예배와 기도 운동을 지칭한다고 본다. 그 이유는 다윗의 장막이 왕의 재정을 지원 받아 멈추지 않는 예배와 기도로 알려져 있었기 때문이다. 최초의 24시간 기도 운동으로서 이는 이 땅에서 예배와 중보가 가진 통치적 영향력에 대해 보여준다. 나는 마이크 비클이 이에 대해 사용한 표현이 좋았다. "다윗의 장막은 이스라엘에서 국가적 표현을 띠고, 그리스도의 몸을 통해 국제적 표현을 띤다[4]."

3장에 자세히 나오듯, **역사상** 가장 규모가 큰 예배와 기도 운동이 1999년에 개시되었다. 이스라엘 현대 국가의 형성(1948-2018년이라는 한 세대)의 70년 정점이 이 위대한 "열방을 위해 기도하는 집"의 전세계적 회복 가운데 일어난다면 우연이라고 할 수 있을까?

나와 같이 그 순간을 보고 있다면, 여러분도 담대하고 능동적으로 천상의 전쟁을 개시하고자 마음이 동요되기를 바란다. 우리는 분만 침대 위에 있는 것이다. 자, 발을 차서 하나님의 때와 계절에 대한 대규모 합의가 있도록 하자. 월터 윙크는 우리에게 필요한 정력적 접근을 완벽하게 파악한 사람이었다.

중보 기도는 하나님께서 약속하신 것을 가로막고 있는 것에 대한 영적 저항이다. 중보는 현재의 세력들의 기세로 운명지어진 것처럼 보이는 대안적 미래를 가시화해준다. 기도는 현재의 숨막히는 분위기 속에 아직 오지 않

---

4 — Bickle, "Spirit of the Tabernacle."

은 때의 공기를 불어넣어준다.

> 역사는 미래를 존재하는 것으로 믿는 중보자들에게 속한 것이다.… [미래는] 새롭고 갈망할 만한 가능성을 마음 속에 그리는 모든 이들에게 속한 것이다. 믿음은 그 위에 불가피한 것으로 고정된다.… 성경적 이해를 진지하게 받아들인다면, 중보는… 세상을 바꾸고 하나님께 가능한 것이 무엇인지를 바꾼다[5].

이것은 강력하지만 쉽게 놓치는 진리다. 하나님께서는 주권적이시다. **절대적으로** 주권적이시다. 주님의 완전한 전능, 초월, 역사 통치 가운데 부족함은 전혀 없다. 그러나 주님의 전적인 통치 안에서, 중보자라는 귀한 직분을 내려주셨다. 기도는 당신의 주권을 인간의 협력에 국한시키신 일이다. 하나님께서는 틈새에 설 사람을 찾으신다(겔 22:30). 그리고 의지가 있는 자를 찾지 못하실 때 사실 놀라신다. "사람이 없음을 보시며 **중재자가 없음을 이상히 여기셨으므로** 자기 팔로 스스로 구원을 베푸시며 자기의 공의를 스스로 의지하사(사 59:16)."

그리고 바로 이 때문에 우리가 전세계적 금식 운동을 촉구하고 있는 것이다. 홀이 세우고 50년 후에 브라이트가 새롭게 했으며, 그로

---

5 — Wink 〈Powers That Be〉 185 - 186쪽.

6 — 1948년 2월에 강력한 성령의 역사가 터지긴 했지만, 그보다 수개월 앞선 1947년 10월에 약 70명의 신학생들이 캐나다에 모여 장기간 금식기도함으로 금식이 시작되었다. 그들의 금식은 2월까지 이어졌는데, 이것을 늦은 비 운동의 시작으로 본다.

부터 20년 후에 하나님의 은혜로 온 세계를 아우를 규모로 확장된 운동 말이다. 나는 세상 모든 열방이 이미 전례 없이 하나님의 성령에 감동을 받아 매달리고 있다고 믿는다. 나도 그 합창에 목소리를 더하고 있지만, 사실 그 일은 이미 여러분 안에 시작되어, 깊음이 깊음을 부르고 있는 것이다. 친구여, 똑바로 들어야 한다. 다른 무엇보다 거대한 시간의 충만이 존재한다.

향후 5년 동안 그 기한이 다하게 되는 주기들을 살펴보자.

신 예수 운동을 위한 주기

그때	지금	사건	주기(연수)
1994-95	2015	브라운스빌과 토론토 부흥	20
1906	2016	아주사 거리	110
1947	2017	늦은 비 운동[6]	70
1947	2017	치유의 부흥	70
1967	2017	은사주의 갱신	50
1967	2017	(이스라엘) 6일 전쟁	50
1517	2017	종교개혁 시작	500
1948	2018	현대 이스라엘 국가 탄생	70
1948	2018	할리우드 부흥/ 빌 브라이트	70
1949	2019	학생 부흥/빌리 그레이엄	70

교회의 반응은 약속에 상응해야만 한다. 우리는 신성한, 공동체적

꿈의 날들을 살고 있기 때문이다.

> 의식적이든 무의식적이든, 사람은 자신의 삶을 살 뿐만 아니라 자신이 속한 시대의 삶을 산다.… 예컨대 우리의 꿈은 어느 정도, 전세계에서 시작되고 있는 더 큰, 대규모의 꿈의 양상인가?… 다시 말해, 하나님께서 역사 가운데 새로운 운동을 개시하고자 하실 때, 직접적으로 개입하시는 것이 아니라 주의를 기울이면, 하나의 과정에 착수할 수 있는 꿈과 환상을 보내주신다[7].

나는 여러분이 이것을 주님 앞에서 진득히 시험해 보기를 권면한다. 나는 스스로 내 영 가운데 느껴지듯 명확하고 담대하게 이 말씀을 전달해야 할 것 같다.

우리는 70의 때에 살고 있다!

그것이 사실이라면, 이는 다니엘의 시간이다. 바벨론 당시와 동등한 규모로 70에 대하여 정사와 권세가 배열되는 것이다. 교회엔 원자력이 필요하다. 십자가 승리는 하늘에서 확립되었지만, 예수께서는 아직 아버지께서 당신의 신부를 위해 돌아가라고 말씀하시기를 기다리고 계신다. 그 때까지 시편 2편과 110편은 이 땅이 주님의 발을 둘 발등상으로 준비되어야만 한다고 강하게 권고하고 있다. 땅에 닿는

---

7 — Wink 〈Powers That Be〉 285쪽.

발은 물리적 몸의 기능이다. 여러분과 내가 그 몸이다. 우리는 초대를 받은 정도가 아니라, 하나님의 뜻으로 강요받고 있다. 시편 2편 ("내게 구하라. 내가 이방 나라를 네 유업으로 주리니!")과 시편 110편 ("여호와께서 시온에서부터 주의 권능의 규를 내보내시리니 주는 원수들 중에서 다스리소서")을 실행하도록 말이다.

이제, 그 어느 때보다, 우리는 성경의 지혜로 반응해야만 한다.

또한 "70의 때"에 담긴 언어 유희가 의도적임을 생각해 보라. 때로 하나님께서는 말장난을 하시는데, 단순한 사람들은 이것을 알아볼 수 있다. 신 예수 운동이 다가오는 방식, 70이 우리에게 말씀해 주고 있듯이 모든 곳에서 사람들이 급진적 구원을 받았던 70년대와 같다. 나는 구원 받지 않았던 내 친구 하나가 북캘리포니아에서 모르는 사람 2명에게 다가가 무작정 몇 시냐고 물었던 기억이 난다. 그들은 시계를 보는 것이 아니라 "구원 받으셔야 할 때입니다!"라고 대답해서 그의 마음을 사로잡았다. 그것이 그들이 전하는 메시지였다. 즉각 확신을 갖게 된 친구는 주님을 영접했다. 70년대엔 그랬다.

이스라엘은 70살을 맞았다. 지난 세계 금식 운동도 70년이 되었다. 늦은 비 운동도 마찬가지다. 1970년대 스타일 신 예수 운동에 대한 명백한 느낌이 느껴진다. 70이 우리에게 임하고 있다!

비가 내리게

수년 전, 나는 내 삶에 깊은 영향을 끼친 두 책을 다시 읽어야 한다는 마음 속의 신음 가운데 눈을 떴다. 데릭 프린스가 금식이 어떻게 늦은 비를 자극하는지를 계시해주는 〈역사를 움직이는 금식과 기도〉와 영국 은사주의 운동의 아버지 아서 월리스가 쓴 〈하늘에서 오는 비〉였다. 이 책은 모든 부흥이 일어나는 곳에 나타나는 주요 요소들에 대한 것이다. 하늘에서 내릴 비에 대한 책인 것이다.

안타깝게도, 수년간 여러 권을 나눠준 탓에 나는 집에서 그 책들을 한 권도 찾을 수가 없었다. 그러나 나는 긴박감을 느꼈다. 성령께서 그 책들을 빨리 다시 읽으라고 인도하심을 알고 있었다. 그래서 하루 종일 속으로 신음했다. '**하나님, 이 책들을 찾게 도와주십시오. 금식이 늦은 비를 촉발시킨다고 저에게 말씀하고자 하시잖아요.**'

그냥 제자리에 두지 않은 것일까봐 나는 여러 차례 책꽂이를 왔다 갔다 했다. 그러나 책들은 보이지 않았다. 요엘 2장의 늦은 비를 향한 큰 갈망은 진정되질 않았다.

그날 밤, 나는 캘리포니아 주 랜캐스터의 사막에 설교를 하러 갔다. 내 친구 조 스위트가 목회하는 교회였다. 조의 사무실에 앉아서 메시지를 마지막으로 점검하고 있는데, 갑자기 의자에서 조가 일어나더니 책꽂이로 걸어가서 말했다. "루, 이리 와봐. 너 이 책 찾고 있었지?"

그 다음에 어떻게 됐을지 알겠는가? 그는 아서 월리스의 〈하늘에서 오는 비〉를 빼냈다.

난 도저히 주체하기가 어려웠다. 하나님의 속삭이심은 알지만, 이것은 마치 외치심 같았다. 하나님께서 성령의 더 큰 늦은 비를 부으실 것이라는 것을 믿으라고 내게 표징을 주시는 것이었다.

바로 다음 날 아침, 패서디나에 돌아온 나는 예언 학교에서 강의를 하고 있었다. 수업 시작 직전에 한 학생이 내게 다가오더니 이렇게 말했다. "선생님, 오늘 아침에 애너하임의 빈야드 교회에 갔었는데 어떤 남자가 저를 부르더니 말했어요. '오늘 루 잉글 만나지? 이 책을 전해줘. 그가 찾고 있을 거야.'"

그는 내게 데릭 프린스의 〈역사를 움직이는 금식과 기도〉를 건네줬다.

나에게 왜 이 책을 쓰냐고 묻는다면, 아마 이것이 가장 유력한 근거일 것이다. 수년간 나는 이러한 날들이 올 것이라는 주님의 말씀에 동요되었다. 늦은 비를 오게 할 금식을 일으키는 것이 나의 소명임을 나는 철저히 알고 있다. 이 책을 쓰는 지금, **지금**이 그 때임을 절실히 느낀다. 역사의 저울이 우리의 반응에 달려 있을지 모른다. 이렇게 말하는 것은 스가랴 선지자의 선포 때문이다. "**봄비가 올 때**에 여호와 곧 구름을 일게 하시는 여호와께 비를 구하라(슥 10:1)." 비가 올 때라면, 왜 굳이 구해야 할까? 구름이 비로 가득하기를 원하기 때문이다! 사람들은 추정 가운데 움직이는 기도의 능력을 지지하는 사람들을 종종 비난한다. 하나님께는 우리의 기도가 그다지 필요하지 않다는 뜻을 비추며 말이다. 나는 그와 반대로 생각한다. 성경의 명백한 패턴을 무시하는 것이 추정이다. 비가 내릴 때임을 안다면, 우리는 때를 무시함으로 하나님을 이용할 수 없다. 때가 우리의 중보에 정보를 주도록 하는 것이다. 비가 필요한가? 그렇다. 비가 내려야 할 때인가? 그렇다. 그렇다면 비를 위해 기도하라!

8장에서 보았듯, 다니엘이 바벨론 포로기한 70년이 곧 차게 됨을 깨달았을 때, 그는 때가 되었음에 그냥 기뻐하지 않았다. 금식과 기도에 정진하여, 포로생활이 끝나기까지 그렇게 했다. 프린스는 이렇게 말했다.

[다니엘]은 하나님의 약속을 중보라는 의무로부터의 해방으로 해석하지 않았다. 오히려 어느 때보다 더 센 강도와 열정으로 하나님을 구해야 할 도전으로 받아들였다. 이 새로운 결단은 다니엘의 말에 아름답게 표현되었다. "나는 주 여호와께 내 얼굴을 고정한다." 우리 각자의 기도 생활 가운데, 우리가 얼굴을 고정시켜야 할 때가 온다. 그 순간으로부터 어떤 낙심이나 방해, 반대도 우리를 막지 못한다. 하나님의 말씀이 우리에게 허락한 것에 대한 확실한 답을 얻기까지 말이다.[8]

이것이 계시가 요구하는 참여다. 늦은 비의 때에, 수천 명의 다니엘들이 전세계에서 믿음으로 금식하며 기쁨으로 기도할 것이다. "비를 보내소서!"

대조적으로 예수께서는 바리새인들에게 심판이 불가피하다고 경고하셨다. "네가 보살핌 받는 날을 알지 못함을 인함이니라(눅 19:44)." 주님의 오심을 받아들였다면, 이야기가 어떻게 달라졌을까? 주님의 탄생—언약의 땅을 가진 언약의 백성들에게 당신의 언약의 아들을

---

8 — Prince 〈Shaping History〉 122-23쪽.

통해 언약의 하나님께서 가장 명백하게 방문하신 바로 그 때— 으로부터 70년 후, 언약의 도성 예루살렘은 파괴되었다.

나는 아무 말 할 수 없이, 진지하고 깊이 기도할 동기를 얻게 될 뿐이다.

오, 성령의 명령으로부터 빠져나가 금식과 기도라는 무기를 휘두르면서 언약과 주권을 이용하지 말라. 하나님의 주권 안에서, 여러분의 참여가 그 과정 중에 요구되었다. 예수의 제자 훈련 프로그램에 들어가라. "나라가 임하시오며 뜻이 하늘에서 이루어진 것 같이 땅에서도 이루어지이다(마 6:10)!"

우리를 찾아오신 날을 놓쳤다는 말씀을 들어선 안 될 것이다. 성령께서는 다시 한번 이 땅의 당신의 몸을 통해 예수를 광야로 몰아내고 계신다. 그 분을 따라갈 것인가?

역사의 대포

처칠에 대해 이렇게 이야기를 한다. "그는 영국이라는 사자에 포효를 다시 돌려주기 위해 역사를 대포처럼 사용했다." 이 책을 통해 나는 역사—고대 역사, 개인의 역사 그리고 이 시대의 역사—를 이용해 전세계 교회에 포효를 다시 돌려주고자 한다. 브라이트의 미국 금식에 이은 세 가지 주요 사건을 간략하게 짚어보고 넘어가기로 하자.

1. 프로미스 키퍼즈가 아버지들의 마음을 자녀들에게로 돌렸더니, 워싱턴 DC의 내셔널 몰에 100만 명이 모여 금식하고 기도했다.

2. 더콜이 자녀들의 마음을 아버지들에게로 움직이게 했더니, 40만 명이 금식하고 기도하러 모였다.
3. 점점 고조되는 전세계적 운동이 1999년 9월 세 장소—패서디나, 캔자스 시티, 런던 등—에서 동시에 탄생되었다.

브라이트 박사는 세기가 바뀔 때 크나큰 부흥이 있을 것을 예언했다. 나는 그가 정확하게 보았지만, 반드시 순서대로 일어났어야 할 일을 하나의 사건으로 묘사했다고 본다. 거대한 기도가 거대한 부흥보다 앞선다. 그러므로 대략 2백만의 신자들이 금식 기도하기 시작했을 때, 전체적인 성별 운동이 나타났고, 그것이 그치지 않는 기도로 맺어진 것이다. 중보라는 이 급진적 문화는 이제 거의 20년 동안 하늘을 끊임없이 흠뻑 적셔왔다. 하늘의 큰 대접을 기도로 가득 채운 것이다. 성경의 약속은 그 대접들이 **쏟아질 것**이라고 말씀한다(계 5:8, 8:3-5)!

오, 예수여, 비가 내리게 하소서!

| 12 |

전세계적 예수 금식

일생일대의 기회다. 그냥 놓칠 순 없다.

• 록키 •

우리 앞엔 엄청난 기회가 놓여 있다. 주전 3500년부터 주후 1500년까지 전세계 총 인구는 10억 이하에 머물렀다. 그래프 상에서 전세계 인구는 그 5천년의 시간 동안 성장이 거의 없는 직선처럼 나타난다. 그러다가 곡선이 가팔라지기 시작했다. 1800년대 처음으로 전세계 인구는 10억을 찍었다. 1920년에 이르러는 약 20억에 도달했는데, 5천년 동안 정체되어 있었던 수치가 2백년도 되지 않아 2배로 늘어난 것이다! 세계 인구는 계속 기하급수적 성장을 하여, 이제 2020년까지 80억에 이를 것으로 예측되고 있다[9].

이것은 환상적인 소식이다! 이렇게 인구가 폭발적으로 성장한 동일 기간 동안, 기술과 언어, 통신과 여행의 발전은 진정 인류 역사상 처음으로 전세계적 소통과 동원을 가능하게 했다. 그 어느 때보다 비할 수 없이 낮은 비용으로 말이다(불과 몇 원 단위다). 과거 다른 나라나 대륙에 이르려면 왕들의 군자금이 요구되었을 텐데, 이제는 유튜브 영상 하나면 된다. 주후 100년, 비기독교인과 기독교인의 비율은 360:1이었다. 2000년에 이르러 그 수치는 7:1로 감소했다. 이제 하나님의 무한한 지혜와 인내를 볼 수 있겠는가? 비율과 밀도에 대해 이야기하자면, **사상 최고의 대규모 추수가 이제 사상 최대의 성령의 부으심으로 인한 불가피한 결과일 것이다.**

순전하게 수치만 보면, 세상은 오순절부터 현재까지 모든 부흥을 합한 것보다 이 다음에 올 하나님의 위대한 역사 가운데 가장 많은 영혼 구원을 보게 될 것이다. 그렇게 장구한 역사가 없이도, 선교학자들은 지난 100년 동안 주님께 나아온 영혼들이 교회 역사상 지난 2천년 동안 구원 받은 이들의 숫자보다 많다고 한다. 이제 그 추수에 80억이라는 가능성을 더 곱해보자! 오, 인간의 영혼을 향한 하나님의 위대한 사랑이 보이는가? 누구도 멸망에 이르지 않는 것이 하나님의 뜻이다. 야고보는 주님께서 최대의 소산을 내고자 하는 참을성 있는 농부이시라고 묘사한다(약 5:7). 주님께서는 신랑과 신부를 위한 결혼 잔치를 여실 것이며, 그 잔치는 참석자 수에서 비할 데가 없을 것이다. 마지막 추수가 2백년만 빨리 일어났어도, 곡식들

---

9 — 세계 인구에 대한 과거와 미래의 추정치를 보여주는 그래프는 worldometers.info/world-population에 있다.

은 오늘날 이 땅의 광대하고 무르익은 밭에 비하면 보잘것없었을 것이다.

"너희 눈을 들어 밭을 보라. 희어져 추수하게 되었도다(요 4:35)."

나는 2장 서두에서 말콤 글래드웰이 티핑 포인트에 관해 한 말을 인용했다. 나는 진정한 부흥을 위한 티핑 포인트의 수학이 실제로 어떤 것인지를 보임으로 맺으려 한다. 전문가들은 인구의 2.5%가 진정한 혁신가들이며, 그 다음으로 13.5%가 얼리 어댑터라고 한다. 이들은 티핑 포인트가 되는 인구다. 왜냐하면 둘을 합치면 역동적인 16%의 반응이, 더 많은 설득을 필요로 하는 84%의 미래를 형성할 수 있다는 뜻이기 때문이다. 세계 기독교인들의 인구가 2020년까지 26억에 이를 것으로 예측되며 그 중 줄잡아 10억이 진정으로 성경을 믿는, 거듭난 예수의 제자들이라고 할 때, 나는 선구자인 16%—296개국에 퍼져 있는 1억 6천만명—를 향해 이렇게 요구하고 싶다. 예수의 재림을 위해 물리적인 장기 금식에 헌신하라고. 나는 그것이 가능하다고 감히 믿는다. 아니, 나는 감히 그것이 필요하다고 믿는다. 우리와 함께 하자.

전세계를 감싸며

핵 기술은 프랭클린 홀의 시대 이래 크게 발전했다. 1940년대의 원자 폭탄은 이제 그저 수소 폭탄의 폭파 장치가 되었다. 하나의 원자 폭발이 그 다음 폭발을 점화시키는 것이다. 오늘날 열핵 기기들은 본래의 원자 폭탄을 축소시킨다. 이것조차도 성령 안에서 설득력 있는 지표다. 왜냐하면 나는 홀의 책이 성령 가운데 두 부분으로 된 열 핵 폭파처럼 우리 시대에 일어날 더 큰 결과를 준비시킨 원자적 사건을 촉발시켰다고 믿기 때문이다.

이 모든 것을 연결시킬 수 있도록 한 가지를 다시 이야기하겠다. 캘리포니아를 위한 중대한 미네르바 금식의 31번째 날을 마침내 통과했을 때, 나는 프랭클린 홀이 〈원자력〉을 쓴 샌디에이고에 있었다. 나는 홀의 책 내용을 가지고, 금식이 어떻게 이 땅에 신성한 원자력을 풀어놓는지에 대해 설교를 마친 상태였다. 그리고 그 밤 나는 캘리포니아에 대해 십자가의 승리를 울부짖고 있었다.

우리가 함께 꿈을 꾸었다면 어땠을까? 주님의 재림을 열방이 갈망하기 시작했다면 어땠을까? 수백만의 신자들이 지상 명령이 완수되고 이스라엘의 때가 충만해지도록 장기 금식으로 부르짖었다면 어땠을까? 주님의 눈에 믿음이 보였다면 말이다.

나는 우리가 **전세계에** 그리스도의 승리를 울부짖는 일을 이제 막 시작했을지 모른다고 본다.

이 시간을 향한 하나님의 충만한 전략이 무엇이든, 나는 우리가 지금 체험하고 있는 것을 넘어서는 수준의 믿음을 반드시 요구할 것이라고 확신한다. 세례 요한 운동은 무작위가 아니라, 이정표와 같은 것이다. 그러니 상상해 보라. 전세계적으로 40일 금식을 함께 했다면 어땠을까?

위대한 부흥 운동가 조나단 에드워즈는 열정적이고 그치지 않는 기도로부터 동력을 얻었다. 1744년, 스코틀랜드의 기도 운동에 막

영감을 받은 에드워즈는 그와 유사하게 미국의 그리스도인들을 동원하여 7년이라는 기간 동안 기도에 헌신하도록 만들고자 편지를 썼다. 나도 그처럼 직접적인 액션의 요구 없이 이 책을 마쳤다면 임무에 태만한 사람일 것이다. 여러분의 도움으로 나는 전세계의 국가 지도자들을 초청하여, 수만 명, 심지어 수백만 명을 일으키고 싶다. 여러분이 사는 나라 가운데 한 나라가 최소한 45일의 (장기) 금식을 5년 동안 하기로 헌신하도록 말이다. 이것을 초교파적으로 하라. 여러분과 조금 다를지 모르지만, 예수를 사랑하고 따르는 다른 신자들과 함께 하라. 겸손과 사랑, 연합의 영으로 금식하라. 주님의 다시 오심을 갈망하라.

〈기도의 원을 그리는 사람〉에서 마크 배터슨은 이렇게 말한다.

> 꿈을 포기하기란 쉽다.… 실패할 수 있는 유일한 방법은 기도를 그치는 것이다. 기도는 지지 않겠다는 작정이다.… 엘리야가 비를 위해 기도할 때 어떻게 했는지 기억하는가? 그는 사환을 보내 바다를 살펴보라고 했다. 왜 그랬을까? 응답을 기대하고 있었기 때문이다. 그저 기도만 한 것이 아니다. 그는 바다를 살펴봄으로써 거룩한 기대에 따라 행했다[10].

배터슨에 따르면, 기도만 할 것이 아니라 엘리야처럼 **행해야 한다.**

---

10 — Mark Batterson 〈The Circle Maker〉 (Grand Rapids, Mich.: Zondervan, 2011), 87쪽.

무릎을 꿇고, 그 다음엔 바다를 살펴보라. 동일한 기대의 영으로, 나는 이 책의 맨 처음에서 했던 말을 다시 한번 강조하고 싶다. 역사는 주기적으로 반복된다. 우리가 기도로 원을 그릴 수 있다면, 지구만큼이나 커다란 원을 그리자.

우리가 기도할 수 있는 좋은 것들이 많다. 그러나 예수 운동에 대해 이야기한다면, 나는 그 구절에 대한 순전한 이해에 성경적 레이저 포커스를 맞추고 싶다. 다양한 교리와 교파적 차이의 많은 신자들이 이런저런 문제들로 트집을 잡을 수도 있다. 어떤 이들은 1970년대의 예수 운동을 부정적으로 볼 수도 있다. 또 어떤 이들은 부흥에 대한 시각이 이렇게 저렇게—대형 경기장, 치유, 구원, 문화 개혁, 능력 체험 등—다를 수 있다.

예수 운동이라는 것은 모든 신자들이 기뻐할 수 있는 것이어야 한다. 분열이 아닌 연합을 이루어야 한다. 그러기 위해서 나는 모든 성도들이 동의할 수 있는 것, 즉 지상 대명령을 중심으로 사람들이 한데 모이게 하고 싶다.

지상 대명령을 완수하기 위해 개인적으로 적용할 수 있는 여섯 가지 영역을 제안한다. 처음부터 나는 이것이 읽을 책이 아니라 응답해야 할 부름이라고 이야기해 왔다. 이만큼까지 책을 읽었다면, 여러분이 이 중 하나 이상에 마음이 끌릴 것이라고 확신한다. 간략하게 이것들을 살펴보고 여러분의 장기 금식의 초점을 맞출 수 있는 구체적인 기도의 포인트들을 결합시켜 보자. 더 많은 전략과 격려, 연결점들을 우리 홈페이지(TheJesusFast.com)에서 볼 수 있다.

지상 대명령을 성취하기 위해서는 기도와 금식 가운데 다음에 초점을 두어야 한다고 생각한다.

1. 요한복음 17장에 따른 연합
2. 세계적인 성령의 부으심
3. 가족과 친구들의 이름을 부르는 기도
4. 추수를 위한 일꾼들
5. 미전도 종족들
6. 이스라엘의 충만

1. 요한복음 17장에 따른 연합을 위해 기도하라

오늘날 교회 내에서 가장 고통스럽고 도전적 질병 중 하나는 그리스도의 몸을 계속해서 해체시키는, 역사적 교만과 불신이다. 요한복음 17장의 위대한 대제사장의 기도에서, 우리는 예수께서 당신의 몸이 사랑과 영광, 연합으로 합력하는 모습을 보고자 갈망하심을 알게 된다. "우리와 같이 그들도 하나가 되게 하옵소서 (요 17:11)."

인종간 분열과 종족간 피흘림이라는 전세계적 위기의 한가운데서 우리 집 자체가 깊이 분열되어 있는 상태로 있다면 그리스도의 몸은 강렬한 해법을 제시할 수가 없다. 예수님을 따르는 자들이 우리가 따른다고 하는 분, 아버지의 오른편에 앉아 계신 분과 한 마음이 되어 기도할 때다. 사도행전 2장은 우리가 기도 가운데 한 마음이 될 때, 성령께서 능력으로 역사하심을 확증해준다.

이렇게 기도하라

하나님 아버지, 주님의 아들 딸들을 하나님과 예수님이 하나인 것처럼 하나로 만드시는 데에 필요한 모든 은혜를 부어 주십시오. 제 마음에 역사하여 주십시오. 저를 변화시켜 주십시오. 주님을 사랑하는 형제자매들이 저와 다를지라도 제 마음을 그들과 연합시켜 주십시오. 이로써 세상이 주님을 알게 해주십시오. 그것은 우리가 주님의 크신 사랑이 가진 정복하고 연합시키는 능력을 보이기 때문입니다. 인종간 분열을 치유하시고, 주님의 교회에 연합을 허락하십시오.

2. 성령의 세계적 부으심을 위해 기도하라

요엘서 2장은 분명하다. 마지막 때에 하나님께서 당신의 영을 모든 육체 가운데 부어주겠다고 하셨다. 여기엔 요엘 금식이 선제되어야 한다. 성령의 세계적 부으심이 임한다면, 우리는 하나님께서 세계적 요엘서 2장의 금식을 명하사 성령 강림을 이 땅에 허락하셨음을 확신할 수 있다. 이른 비는 오순절 때 임했다. 이제 우리는 늦은 비를 구하고 있다. 성령께서 능력으로 역사하실 때는 항상 창조적이며, 항상 독창적이고, 항상 예수님을 대언하며 항상 하나님의 말씀과 완벽히 합치된다. 이렇게 강한 결합은 낯설고 도전적일 수 있는데, 그 때문에 우리는 연합해야 하는 것이다. 성령의 충만한 나타나심을 촉발시킬 뿐만 아니라 보존하기 위해서 말이다.

이렇게 기도하라

하늘에 계신 아버지, 세례 요한은 하나님의 아들이 이 땅을 성령과 불로 세례 줄 것이라고 약속했습니다. 하나님, 성령의 가장 강력한 기름 부으심을 풀어 놓으사 모든 귀신의 저항이 파해지고, 주님의 은혜가 놓이며 마음이 깨어진 자가 치유되고, 어린 양을 위한 영혼의 추수가 있을 수 있도록 해 주십시오.

3. 가족과 친구들의 이름을 부르며 기도하라!

전도에 대한 기도를 위한 아주 단순하면서 아름다운 전략들이 가진 효과에 대한 간증이 계속 들어온다. 장기 금식에 헌신하고, 한두 명의 잃어버린 가족 내지 친구들에게 기도의 초점을 맞추라. 우리는 충격적인 구원의 보고를 받고 있다. 이전에 강퍅하고 반항적인 사람들이 갑자기 그리스도께 나아오는 것이다. 40일 금식을 통해, 나는 다루기 힘든 우리 아들 하나를 위해 기도했는데 그 아이가 주님께 돌아왔다. 엘리야가 금식으로 죽은 아이를 살렸다면, 전세계의 부모들이 금식할 때 그 자녀들의 마음에 어떤 변화가 생기겠는가? 대형 경기장들이 탁월한 전도 캠페인으로 가득 차야 할 것을 나는 믿지만, 아마도 가장 큰 구원의 홍수는 우리의 집에서 드려지는 골방 기도로부터 올 것이다. 간증이 있는 사람들은 TheJesusFast.com에 남겨주면 좋겠다!

이렇게 기도하라

하나님, [구체적 이름]을 주님 앞에 올려 드립니다. 그의 반역보다도 강력한 주님의 거룩한 사랑의 줄로 그를 이끄사 주님의 마음에 묶어 주십시오. 그리스도의 밝은 빛이 그의 어둠을 뚫고 들어가게 해주십시오. 그를 묶고 있는 거짓으로부터 그를 놓아 주십시오. 은혜의 비를 내려주시고 예수님을 계시해 주십시오. 구원을 얻기까지 그를 쉬지 못하게 하십시오.

4. 추수할 일꾼을 위해 기도하라

당신의 백성 가운데 커다란 추수를 보셨을 때, 예수께서는 긍휼의 마음으로 깊은 감동을 받아 제자들을 한데 모으사 그들에게 이러한 명령을 하셨다. "추수할 것이 많다(나는 이들을 너무나 사랑한다)! 추수의 주인인 나에게 구하라. 내가 사랑하는 이들을 위해 일꾼들을 퍼부어 달라고!" **퍼붓다**라는 단어가 예수께서 잃어버린 자들의 구원을 얼마나 열정적으로 갈망하시는지 보여준다. '강력하게 밀치다'라는 뜻을 가진, 동일한 헬라 단어 **에크발로**인 것이다. 예수께서는 말씀하셨다. "내게 일꾼들을 밀쳐 보내달라고 구하라. 내가 그 기도에 응답하겠다!" 주님께서는 커다란 값을 치르셨기에 커다란 상을 원하신다.

이것은 누구의 때가 이르렀는지에 대한 생각이다. 내가 쓴 책 〈기도하라! 에크발로!〉를 보면, 이것을 "한 구절의 혁명"이라고 부르고 있다. 내가 만들어낸 표현이 아니다. 리즈 하월즈는 앤드류 머레이가 "현장에 파송된 선교사의 수는 전적으로 순종하여 기도로 일꾼들을 내보내는 이의 능력에 달렸다(마 9:38)[11]"라고 한 주장에 깊은 영향을 받았다. 그것이 맞다면, 전세계 그리스도의 몸은 이 한 구절의 혁명에 속하고자 하는 원대한 야망을 가져야만 한다. 그러므로 기도는 간단한 것이다.

이렇게 기도하라

추수의 주님, 일꾼들을 밀쳐 보내 주십시오! 그들을 모으시고, 동원하시고 익어 희게 된 열방의 밭으로 내던져 주십시오!

5. 미전도 종족을 위해 기도하라

마태복음 24:14는 명백히 말씀한다. "이 천국 복음이 모든 민족[헬라어 **에뜨노스**]에게 증언되기 위하여 온 세상에 전파되리니 그제야 끝이 오리라." 쉽게 말해 예수께서는 모든 족속과 방언이 복음의 증언을 받지 않으면 돌아오시지 않을 것이다. 이 구절에서 "민족"이라고 번역된 단어는 굉장히 광대한 의미다. 그리스도 예수께서는 모든 미전도 종족이 당신의 사랑을 알기 원하신다. 이 책을 쓰고 있는 지금, 안타깝게도 아직 7천 개의 미전도 종족이 있음에도, 우리 선교의 인력과 재정의 오직 1%만이 이 강퍅하고 어두운 민족들(주로 10/40 창에 위치)을 향해 쓰여지고 있다. 그것은 전세계 교회의 현재 선교력 중 극히 작은 부분만이 98%의 미전도 종족이 실제로 살고 있는 지역에 사용된다는 뜻이다. 이 극적인 불균형은 그쳐야만 한다. '모든 가

---

11 — Norman Grubb 〈Rees Howells, Intercessor〉 (Cambridge: Lutterworth Press, 2013), 149쪽.

정을 그리스도께(Every Home for Christ)'에 따르면, "기도는 모든 장애물을 제거한다." 우리는 전세계 교회가 모든 미전도 종족의 모든 가정이 구원의 메시지를 명확하게 들을 때까지 장애물을 제거하는 기도를 하라고 촉구하는 것이다. 매일 새로운 미전도 종족을 위해 기도하는 중보의 군대에 가담하기 위해서는 JoshuaProject.net으로 가보라.

이렇게 기도하라

추수의 주님, 가장 단단하고 어두운 영토들 속에 일꾼들을 밀쳐 보내 주십시오. 복음의 진척이 멈추지 못하게 하십시오. 그리스도의 지식과 으뜸 되심에 대적하여 스스로를 높이는 모든 가정에 맞서는 기도를 세워 주십시오. 우리는 모든 족속과 방언이 명료한 증거를 받게 되기를 구합니다. 과제를 마치고 왕이 다시 오시게 해주십시오.

6. 이스라엘의 충만을 위해 기도하라

1948년부터 2018년까지는 70의 기간이다. 이 중대한 때에 우리는 해이해지지 않고, 하나님의 충만한 계획을 가지고 입법적 중보와 예언적 분별력으로 밀어붙여야 한다. 이방인 **에클레시아**는 자연적 이스라엘을 위하여 하늘에서 전쟁을 개시해야 한다. 이방인의 때가 완성되고 아브라함의 자연적 자녀들이 자신들의 메시아 예슈아를 알아보고 영접하게 되기까지 질투를 하도록 말이다. 바사국 왕이 이스라엘의 존재 자체를 계속해서 위협했던 것을 생각하며, 시대의 정점, 예루살렘의 평안과 이스라엘의 구원을 위해 금식하며 기도하자.

이렇게 기도하라 :

아브라함과 이삭, 야곱의 하나님, 주님의 언약을 기억해 주십시오. 주님의 약속을 기억해 주십시오. 주님의 백성을 기억해 주십시오. 이스라엘을 구원하시고 예루살렘에 평안을 주십시오.

마치면서 나는 예측과 예언으로 피로한 잡동사니들을 뚫고 가려 한다. 이 책의 전체적인 목적은 단순히 부흥을 위한 성경적 틀을 잡는 것이다. 감정적 선전, 마케팅, 사역 홍보가 아닌, 진정한 예수 폭발이어야 한다. 이 중요한 날들 가운데 경솔해지지 않도록 하자. 반대로 성경과 역사의 위대한 패턴을 인식하자. 나는 성령 가운데, 그리고 말씀 가운데, 역사 가운데 그 패턴들을 보았다. 그것들은 우리가 따라야 할 길을 충분히 상세하게 보여준다. 우린 함께 급진적인 것에 헌신할 수 있다. 하기만 하면 된다.

전세계의 변혁은 하나님의 꿈이다. 그 꿈을 이제 실행하자.

예수님의 금식

발행일   2017년 1월 9일 1판 1쇄

지은이   루 잉글 & 딘 브릭스
옮긴이   고병현
펴낸이   김혜자

다윗의장막
서울시 강남구 역삼로 98길 28
전화 02-3452-0442   팩스 02-6910-0432
www.ydfc.com
www.tofdavid.com

값   13,000원
ISBN 978-89-92358-96-5 (03230)

잘못된 책은 바꿔 드립니다.

다윗의장막 미디어는 영적 부흥과 영혼의 추수를 위해 도서, 음반, 음원, 영상물의 매체를 통해 하나님 나라가 가정, 사업, 정부, 교육, 미디어, 예술, 교회로 확장되는 비전으로 나아가고 있습니다.